AF247937

LA LIBERTÉ

MODERNE

JUGÉE PAR L'ÉGLISE

CHAUMONT. — IMPRIMERIE CHARLES CAVANIOL

LA LIBERTÉ

MODERNE

JUGÉE PAR L'ÉGLISE

ENCYCLIQUE

MIRARI VOS de Grégoire XVI contre l'AVENIR

ALLOCUTION

JAMDUDUM de Pie IX contre le LIBÉRALISME

PAR

L. RUPERT

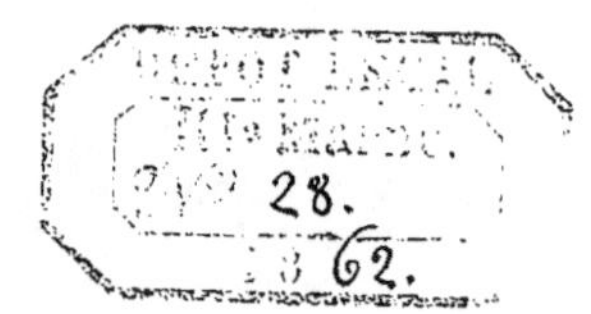

PARIS

VICTOR PALMÉ, LIBRAIRE-ÉDITEUR

22, Rue Saint-Sulpice, 22

1862

LA LIBERTÉ MODERNE

JUGÉE PAR L'ÉGLISE

La liberté, pour tout être auquel peut se joindre l'idée exprimée par ce mot, est la *puissance d'exercer ses facultés conformément à sa fin* (1). Mais la tendance de notre siècle n'est pas seulement, comme à toutes les époques, d'oublier la fin surnaturelle de l'homme; elle est encore d'en faire systématiquement abstraction, de constituer deux ordres séparés et indépendants, l'un purement naturel, extérieur et politique, l'autre surnaturel, invisible et spirituel; de là deux causes qui produisent la même erreur en matière de liberté. Que l'on oublie la fin de l'homme, ou que l'on en fasse volontairement abstraction, il n'y a plus de règle pour discerner le bon ou le mauvais usage de la liberté, c'est-à-dire pour distinguer la liberté de la licence, pour saisir la différence essentielle et radicale entre l'une et l'autre. Il ne reste plus, pour les définir toutes deux, que ces mots: *puissance d'exercer ses facultés;* la liberté peut être invoquée au profit du mal et de l'erreur tout comme à l'avantage

(1) La plus savante et la plus orthodoxe revue du monde catholique a donné une autre définition. Suivant la *Civillà cattolica* de Rome, la liberté consiste dans *l'absence d'obstacle à l'action naturelle de l'être.* Cette définition peut être trouvée plus philosophique; elle répond également à toutes les exigences du langage, et elle conserve la distinction nécessaire entre la liberté et la licence; mais elle a semblé généralement moins claire et moins précise que celle que nous avons donnée autrefois dans l'*Univers* et que nous croyons devoir encore adopter ici. Du reste, nous engageons beaucoup ceux qui nous liront à examiner quelle peut être la meilleure de ces deux définitions; ils y trouveront à coup sûr l'avantage d'entrer plus complètement dans l'intelligence de la vraie liberté et des principes catholiques sur cette matière.

du bien et de la vérité ; la licence n'existe plus, elle n'est qu'un mot vide de sens, ou bien on ne consent à la reconnaître que lorsqu'elle arrive à ces révoltantes extrémités que personne n'est censé vouloir.

Voilà la confusion dans laquelle est tombé le langage depuis bientôt un siècle ; et à la faveur de cette confusion les scènes de désordre les plus sanglantes ont pu s'accomplir, la plus épouvantable tyrannie a pu s'exercer au nom de la liberté ! Et après quarante ans de leçons données par la Providence pour voir, réfléchir et comprendre, il s'est trouvé encore, en 1830, des hommes d'intelligence et de talent qui se sont levés au nom du catholicisme pour demander la liberté dans le sens révolutionnaire, c'est-à-dire une liberté qui profite au mal autant qu'au bien, qui ne se distingue en rien de la licence, et qui constitue à l'erreur les mêmes droits qu'à la vérité.

Quand on demande au nom du catholicisme ce que l'Église catholique ne peut ni désirer, ni proclamer, ni admettre, il faut s'attendre à être désavoué par elle. Le chef de l'Église ne tarda pas à protester contre les systèmes que l'on voulait établir sur de fausses notions de la liberté ; il réprouva et flétrit, avec la plus grande énergie d'expressions, toute revendication de prétendus droits au profit de l'erreur et de l'impiété. Ses paroles furent écoutées avec respect ; elles opérèrent le vide et l'isolement autour du chef de la nouvelle école ; on put croire que l'erreur moderne était confondue et n'aurait plus de partisans que les irréconciliables ennemis de l'Église et de la vérité.

Mais la soumission du cœur ne guérit pas toujours les maladies et les infirmités de l'esprit. Le mot de liberté avait troublé bien des têtes, et l'on y restait d'autant plus attaché qu'on le comprenait moins. On s'était imaginé qu'il pouvait être un mot d'ordre au moyen duquel les deux camps qui se partagent le monde pourraient se confondre en un seul, et il en coûtait de renoncer aux conquêtes brillantes que l'on s'était flatté de faire en inscrivant ce mot sur son drapeau. Après s'être incliné devant la parole du Pontife suprême, on se remit à l'œuvre à peu près comme si elle n'avait pas été prononcée. On crut pouvoir l'éluder en se disant qu'elle avait condamné en principe la liberté de l'erreur, mais qu'elle n'avait point prétendu décider si, dans l'état actuel des sociétés, il ne valait pas mieux réclamer une liberté égale pour tous, même pour ceux qui veulent le mal et l'erreur, afin de l'obtenir au profit de la vérité. Et là-dessus on préconisait outre mesure la puissance de la vérité, qui est, disait-on, assez forte pour triompher par elle-même de tous les obstacles et de toutes les résistances, sans avoir besoin d'aucun appui étranger, d'aucun moyen de répression extérieure. On oubliait sans doute que la Vérité incarnée, et se communiquant aux hommes par toutes les inventions de la charité divine, avait dû subir le supplice de la croix, et que tous ceux qui voudront s'attacher à elle auront à souffrir la persécution (1). Mais on se disait, et l'on se dit encore que des temps nouveaux sont arrivés pour l'humanité, temps de décadence peut-être selon les uns, temps de progrès et de rénovation selon les autres, mais dans lesquels il n'est plus possible en tout cas de suivre et d'appliquer les principes proclamés par l'autorité pontificale; comme si l'Esprit-Saint qui assiste l'Eglise n'était pas esprit de sagesse autant qu'esprit de vérité! comme si le Père de famille, qui toujours distribue le pain de la parole à ses enfants selon leurs besoins, le leur avait donné, cette fois, non pour les alimenter et les soutenir, mais pour en faire devant leurs pas une pierre de scandale, un sujet de chute pour eux et une arme aux mains de leurs ennemis!

Ainsi l'erreur que l'on peut appeler, et qui s'est appelée elle-même le *libéralisme catholique*, a eu deux phases bien distinctes. Dans la première, qui a été de très-courte durée, on a revendiqué en principe la liberté comme un droit naturel et inhérent à la pensée et à la volonté humaine au profit de toute doctrine

(1) *Et omnes qui pie volunt vivere in Christo, persecutionem patientur.* 2 Tim. 3.12.

bonne ou mauvaise ; dans la seconde, qui dure encore après trente ans, on revendique la liberté pour l'erreur comme nécessité résultant d'un état social dont on se fait juge. Et cette nécessité, les uns la fondent sur ce que la société serait devenue trop étrangère à l'intelligence de la vérité et aux sentiments de la justice pour supporter la domination d'un pouvoir qui n'approuverait que ce qui est vrai et juste, se bornant à la simple tolérance à l'égard de tout mal et de toute erreur qu'il ne saurait réprimer et empêcher. Aux yeux des autres, la liberté proclamée pour tous n'est pas seulement une nécessité ; elle est un progrès, elle est une exigence de l'esprit moderne, qu'il faut se garder de combattre et avec lequel le catholicisme lui-même doit chercher à se concilier. Au moment où nous sommes, c'est cette dernière opinion qui prévaut chez les partisans de la liberté moderne qui veulent encore rester catholiques.

Plusieurs de ceux qui partagent ces idées ont montré trop d'attachement et de dévouement à l'Eglise pour qu'il soit permis de suspecter la sincérité de leurs sentiments religieux. Ils nous sauront donc gré de faire simplement appel à leur foi et à leur respect pour cette autorité suprême que l'on ne peut cesser d'écouter qu'en cessant d'appartenir à l'Eglise ; au lieu de raisonner avec eux, au lieu de chercher à leur démontrer qu'ils se font de vaines illusions, qu'en admettant les principes de leurs ennemis ils comptent trop sur la bonne foi et la générosité de ceux auxquels ils ont affaire, nous leur remettrons sous les yeux la parole même du Vicaire de Jésus-Christ, qu'ils ont certainement oubliée, quoiqu'elle ait été prononcée à coup sûr pour être notre lumière, notre règle et notre guide à l'époque spéciale où nous sommes, et dans l'état présent des sociétés au milieu desquelles la Providence nous a placés.

Cette parole auguste, que tout catholique est tenu d'écouter et de suivre, s'est fait entendre deux fois, sur la question du *libéralisme ;* d'abord par la célèbre Encyclique de Grégoire XVI *Mirari vos,* du 15 août 1832, contre les erreurs de l'*Avenir ;* et ensuite par l'allocution de Pie IX, du 18 mars 1861, contre ce faux esprit de liberté que l'on appelle *progrès* et *civilisation moderne.* Ces deux actes se complètent l'un l'autre, car le second ne fait que revendiquer l'application du premier. Grégoire XVI avait proclamé les droits de la vérité en réprouvant et déclarant nuls les prétendus droits de l'erreur : Pie IX, à son tour, condamne ceux qui, regardant comme impossible ou funeste l'application des principes rappelés par Grégoire XVI, et ne tenant pas compte de l'opposition radicale qui existe entre la vérité et l'erreur, proclament des systèmes de conciliation entre la vérité représentée par l'Eglise, et l'erreur représentée par le *libéralisme* ou l'esprit moderne. Le premier de ces actes n'est plus aujourd'hui qu'entre les mains d'un petit nombre de personnes, et cependant il importe de pouvoir y recourir chaque jour en face des questions qui continuent encore à se débattre ; le second, qui a reçu moins de publicité, pourrait bientôt être mis en oubli et disparaître avec la feuille du jour qui l'a apporté au lecteur, mais que l'on ne retrouve plus dès le lendemain. Espérons qu'en consignant ici ces deux grands actes donnés comme règles de doctrine et de conduite tout spécialement nécessaires à notre époque, ils arriveront facilement sous les yeux de tous ceux qui s'égarent faute de les consulter, et qu'ils y demeureront pour les ramener et les maintenir dans la voie de l'unité et du véritable esprit catholique.

LETTRE ENCYCLIQUE

DE N. S. P. GRÉGOIRE XVI, PAPE PAR LA DIVINE PROVIDENCE,

A TOUS LES PATRIARCHES, PRIMATS, ARCHEVÊQUES ET ÉVÊQUES.

GRÉGOIRE XVI, PAPE.

Vénérables Frères, *Salut et Bénédiction apostolique.*

Vous êtes sans doute étonnés que, depuis le jour où le fardeau du gouvernement de toute l'Eglise a été imposé à Notre faiblesse, Nous ne vous ayons pas encore adressé Nos Lettres, comme la coutume introduite même dès les premiers temps et notre affection pour vous semblaient Nous le commander. C'était bien, il est vrai, le plus ardent de Nos vœux de vous ouvrir Notre cœur dès les premiers jours, et de vous faire entendre, dans la communication de l'esprit, cette voix avec laquelle, selon l'ordre reçu par Nous dans la personne du Bienheureux Pierre, Nous devons confirmer Nos frères. Mais vous savez assez par quels maux et par quelles calamités Nous avons été assailli dès les premiers instants de Notre Pontificat, et comment, emporté que nous étions tout-à-coup au milieu des orages, un miracle de la Droite du Seigneur a pu seul vous épargner la douleur de Nous voir englouti, victime de l'affreuse conspiration des impies.

Notre cœur se refuse à renouveler, par le triste tableau de tant de périls, la douleur qu'ils Nous ont causée, et Nous bénissons plutôt le Père de toute consolation qui, par la dispersion des traîtres, Nous a arraché au danger imminent et Nous a accordé, en apaisant la plus terrible tempête, de respirer après une si grande crainte. Nous Nous proposâmes aussitôt de vous communiquer Nos desseins pour la guérison des plaies d'Israël ;

SANCTISSIMI DOMINI NOSTRI GREGORII, DIVINA PROVIDENTIA PAPÆ XVI,

EPISTOLA ENCYCLICA

AD OMNES PATRIARCHAS, PRIMATES, ARCHIEPISCOPOS ET EPISCOPOS.

GREGORIUS PAPA XVI.

Venerabiles Fratres, *Salutem et apostolicam Benedictionem.*

Mirari vos arbitramur, quod ab imposita Nostræ humilitati Ecclesiæ universæ procuratione nondum Litteras ad vos dederimus, prout et consuetudo vel a primis temporibus invecta, et benevolentia in vos Nostra postulasset. Erat id quidem Nobis maxime in votis, ut dilataremus illico super vos cor Nostrum, atque in communicatione spiritus ea vos adloqueremur voce, qua confirmare Fratres in persona Beati Petri jussi fuimus (1). Verum probe nostis, quanam malorum ærumnarumque procella primis Pontificatus Nostri momentis in eam subito altitudinem maris acti fuerimus, in qua, nisi dextera Dei fecisset virtutem, ex teterrima impiorum conspiratione Nos congemuissetis demersos. Refugit animus tristissima tot discriminum recensione susceptum inde mœrorem refricare ; Patrique potius omnis consolationis benedicimus, qui, disjectis perduellibus, præsenti Nos eripuit periculo, atque, turbulentissima sedata tempestate dedit a metu respirare. Proposuimus illico vobiscum communicare consilia ad sanandas

(1) Luc. 22. 52.

mais le poids énorme de soucis dont Nous fûmes accablé pour le rétablissement de l'ordre public, retarda encore l'exécution de Nos désirs.

A ce motif de silence, s'en joignit un nouveau, causé par l'insolence des factieux qui s'efforcèrent de lever une seconde fois l'étendard de la rebellion. A la vue de tant d'opiniâtreté de la part d'hommes dont la fureur effrénée, loin de s'adoucir, semblait plutôt s'aigrir et s'accroître par une trop longue impunité et par les témoignages de Notre paternelle indulgence, Nous avons dû enfin, quoique l'âme navrée de douleur, en vertu de l'autorité qui Nous a été conférée de Dieu, les arrêter, la verge de la sévérité à la main; et depuis, comme vous pouvez bien conjecturer, Notre sollicitude et Nos fatigues n'ont fait qu'augmenter de jour en jour.

Mais puisque, après des retards nécessités par les mêmes causes, Nous avons pris possession du Pontificat dans la Basilique de Latran, selon l'usage et les institutions de Nos Prédécesseurs, mettant enfin de côté tout délai, Nous Nous hâtons vers vous, Vénérables Frères, et Nous vous donnons, comme un témoignage de Nos sentiments pour vous, cette lettre écrite en ce jour d'allégresse, où Nous célébrons, par une fête solennelle, le triomphe de la très Sainte Vierge, et son entrée dans les cieux. Daigne celle dont nous avons senti la protection et la puissance au milieu des plus violents orages, Nous assister aussi dans le devoir que Nous remplissons envers vous, et inspirer d'en haut à Notre âme les pensées et les mesures qui seront les plus salutaires au troupeau de Jésus-Christ !

C'est, il est vrai, avec une profonde douleur et l'âme accablée de tristesse, que Nous venons à vous, connaissant votre zèle pour la religion et les cruelles inquiétudes que vous inspirent les grands dangers qui

contritiones Israel ; sed ingens curarum moles, quibus in concilianda publici ordinis restitutione obruti fuimus, moram tunc Nostræ huic objecit voluntati.

Nova interim accessit causa silentii ob factiosorum insolentiam, qui signa perduellionis iterum attollere conati sunt. Nos quidem tantam hominum pervicaciam, quorum effrenatus furor impunitate diuturna, impensæque Nostræ benignitatis indulgentia non deliniri, sed ali potius conspiciebatur, debuimus tandem, ingenti licet cum mœrore, ex collata Nobis divinitus auctoritate, virga compescere (1); ex quo, prout jam probe conjicere potestis, operosior in dies instantia nostra quotidiana facta est.

Ast cum, quod ipsum iisdem ex causis distuleramus, jam possessionem Pontificatus in Lateranensi Basilica ex more institutoque majorum adiverimus, omni demum abjecta cunctatione, ad vos properamus, Venerabiles Fratres, testemque Nostræ erga vos voluntatis epistolam damus lætissimo hoc die, quo de Virginis Sanctissimæ in Cœlum Assumptæ triumpho sollemnia festa peragimus, ut quam Patronam ac Sospitam inter maximas quasque calamitates persensimus, Ipsa et scribentibus ad vos Nobis adstet propitia, mentemque Nostram cœlesti afflatu suo in ea inducat consilia, quæ Christiano Gregi futura sint quam maxime salutaria.

Mœrentes quidem, animoque tristitia confecto venimus ad vos, quos pro vestro in Religionem studio, ex tanta, in qua ipsa versatur, temporum acerbitate maxime anxios novimus. Vere enim dixerimus, horam nunc esse potestatis tenebrarum

______
(1) 1. Corinth. 4. 21.

l'environnent. Car Nous pouvons le dire en toute vérité : c'est maintenant l'heure accordée à la puissance des ténèbres pour cribler, comme le froment, les enfants d'élection. *La terre est vraiment dans le deuil et dépérit infectée par ses habitants, parce qu'ils ont transgressé les lois, changé la justice et dissipé l'alliance éternelle.*

Nous vous parlons, Vénérables Frères, de maux que vous voyez de vos yeux, et sur lesquels par conséquent Nous versons des larmes communes. La perversité, la science sans pudeur, la licence sans frein s'agitent pleines d'ardeur et d'insolence. La sainteté des mystères n'excite plus que le mépris, et la majesté du culte divin, cette puissance dont l'esprit de l'homme ne peut ni se défendre ni se passer, est devenue, pour les hommes pervers, un objet de blâme, de profanation, de dérision sacrilège. De là, la saine doctrine altérée et les erreurs de toute espèce semées partout avec scandale. Les rits sacrés, les droits, les institutions de l'Eglise, ce que sa discipline a de plus saint, rien n'est plus à l'abri de l'audace de ces langues iniques. Elle est cruellement persécutée, Notre Chaire de Rome, ce Siége du Bienheureux Pierre sur lequel le Christ a posé le fondement de son Eglise ; et les liens de l'unité sont chaque jour affaiblis de plus en plus, ou rompus avec violence. La divine autorité de l'Eglise est attaquée ; ses droits lui sont arrachés ; on la subordonne à des considérations toutes terrestres, et à force d'injustice, on la dévoue au mépris des peuples, la réduisant à une servitude honteuse. L'obéissance due aux Evêques est détruite et leurs droits sont foulés aux pieds. On entend retentir les académies et les universités d'opinions nouvelles et monstrueuses, et ce n'est plus en secret ni sourdement qu'elles attaquent la foi catholique, mais c'est une guerre horrible et impie qu'elles lui déclarent en public et à découvert. Les leçons et les exemples des

ad cribrandos, sicut triticum, filios electionis (1). Vere *luxit, et defluxit terra,.... infecta ab habitatoribus suis, quia transgressi sunt leges, mutaverunt jus, dissipaverunt fœdus sempiternum* (2).

Loquimur, Venerabiles Fratres, quæ vestris ipsi oculis conspicitis, quæ communibus idcirco lacrymis ingemiscimus. Alacris exultat improbitas, scientia impudens, dissoluta licentia. Despicitur sanctitas sacrorum, et quæ magnam vim, magnamque necessitatem possidet, divini cultus majestas ab hominibus nequam improbatur, polluitur, habetur ludibrio. Sana hinc pervertitur doctrina, erroresque omnis generis disseminantur audacter. Non leges sacrorum, non jura, non instituta, non sanctiores quælibet disciplinæ tutæ sunt ab audacia loquentium iniqua. Vexatur acerrime Romana hæc Nostra Beatissimi Petri Sedes, in qua posuit Christus Ecclesiæ firmamentum ; et vincula unitatis in dies magis labefactantur, abrumpuntur. Divina Ecclesiæ auctoritas oppugnatur, ipsiusque juribus convulsis, substernitur ipsa terrenis rationibus, ac per summam injuriam odio populorum subjicitur, in turpem redacta servitutem. Debita Episcopis obedientia infringitur, eorumque jura conculcantur. Personant horrendum in modum Academiæ ac Gymnasia novis opinionum monstris, quibus non occulte amplius et

(1) Luc. 22. 53.
(2) Isaiæ. 24. 5.

maîtres pervertissent ainsi la jeunesse; les désastres de la religion prennent un accroissement immense, et la plus effrayante immoralité gagne et s'étend. Ainsi, quand une fois ont été rejetés avec mépris les liens sacrés de la religion, qui seuls conservent les royaumes et maintiennent la force et la vigueur de l'autorité, on voit l'ordre public disparaître, la souveraineté dépérir et toute puissance légitime menacée d'une révolution toujours plus prochaine. Abime de malheurs sans fond, qu'ont surtout creusé ces sociétés conspiratrices, dans lesquelles les hérésies et les sectes ont, pour ainsi dire, vomi comme dans une espèce de sentine, tout ce qu'il y a dans leur sein de licence, de sacrilége et de blasphême.

Telles sont, Vénérables Frères, avec beaucoup d'autres encore et peut-être plus graves, qu'il serait aujourd'hui trop long de détailler et que vous connaissez tous, les causes d'une douleur cruelle et sans relàche, qui ne peut que Nous abreuver d'amertume, Nous qui, établi sur la Chaire du Prince des Apôtres, devons plus que personne être dévoré du zèle de la maison de Dieu. Mais puisque la place même que Nous occupons Nous avertit qu'il ne suffit pas de déplorer ces innombrables malheurs, si Nous ne faisons aussi tous Nos efforts pour en tarir les sources, Nous réclamons l'aide de votre foi, et Nous faisons un appel à votre zèle pour le salut du sacré troupeau, Vénérables Frères, vous dont la vertu et la religion si connues, dont la singulière prudence et la vigilance infatigable augmentent notre courage et répandent le baume de la consolation dans notre âme affligée par tant de désastres. Car c'est à Nous d'élever la voix, d'empêcher par nos efforts réunis que le sanglier de la forêt ne bouleverse la vigne et que les loups ne ravagent le troupeau du Seigneur. C'est à Nous de ne conduire les brebis que dans des pâturages qui leur soient salutaires et où l'on n'ait pas à craindre pour elles une seule

cuniculis petitur Catholica Fides, sed horrificum ac nefarium ei bellum aperte jam et propalam infertur. Institutis enim exemploque Præceptorum corruptis adolescentium animis, ingens Religionis clades, morumque perversitas teterrima percrebuit. Hinc porro freno Religionis sanctissimæ projecto, per quam unam Regna consistunt, dominatusque vis ac robur firmatur, conspicimus ordinis publici exitium, labem principatus, omnisque legitimæ potestatis conversionem invalescere. Quæ quidem tanta calamitatum congeries ex illarum in primis conspiratione Societatum est repetenda, in quas quidquid in hæresibus, et in sceleratissimis quibusque sectis sacrilegum, flagitiosum, ac blasphemum est, quasi in sentinam quamdam, cum omnium sordium concretione confluxit.

Hæc, Venerabiles Fratres, et alia complura, et fortassis etiam graviora, quæ in præsens percensere longum esset, ac vos probe nostis, in dolore esse, Nos jubent, acerbo sane ac diuturno, quos in Cathedra Principis Apostolorum constitutos zelus universæ Domus Dei comedat præ cæteris, opus est. Verum cum eo Nos loci positos esse agnoscamus, quo deplorare dumtaxat innumera hæc mala non sufficiat, nisi et ea convellere pro viribus connitamur; ad opem fidei vestræ confugimus, vestramque pro Catholici Gregis salute sollicitudinem advocamus, Venerabiles Fratres, quorum spectata virtus ac religio et singularis prudentia et sedula adsiduitas animos Nobis addit, atque in tanta rerum asperitate afflictos consolatione sustentat perjucunda. Nostrarum quippe est partium, vocem tollere, omniaque conari, ne aper de silva demoliatur vineam, neve lupi mactent gre-

herbe malfaisante. Loin de Nous donc, Nos très chers Frères, au milieu de fléaux, de dangers si multipliés et si menaçants, loin de Nous l'insouciance et les craintes de pasteurs qui abandonneraient leurs brebis ou qui se livreraient à un sommeil funeste auprès du troupeau privé de leurs soins. Agissons donc en unité d'esprit pour Notre cause commune, ou plutôt, pour la cause de Dieu; et contre de communs ennemis, pour le salut de tout le peuple, unissons Notre vigilance, unissons Nos efforts.

C'est ce que vous ferez parfaitement si, comme votre charge vous en fait un devoir, vous veillez sur vous et sur la doctrine, vous redisant sans cesse à vous-mêmes que *toute nouveauté bat en brèche l'Eglise universelle*, et que d'après l'avertissement du saint Pape Agathon, *rien de ce qui a été régulièrement défini ne supporte ni diminution, ni changement, ni addition, et repousse toute altération du sens et même des paroles*. C'est ainsi que demeurera ferme et inébranlable cette unité qui repose sur le Siége de Pierre comme sur sa base, en sorte que le centre d'où dérivent, pour toutes les églises, les droits sacrés de la communion catholique, *soit aussi pour toutes un mur qui les défende, un asile qui les couvre, un port qui les préserve du naufrage et un trésor qui les enrichisse de biens incalculables*. Ainsi donc pour réprimer l'audace de ceux qui s'efforcent, ou d'anéantir les droits du Saint-Siége, ou d'en détacher les églises dont il est le soutien et la vie, inculquez sans cesse aux fidèles de profonds sentiments de confiance et de respect envers lui et faites retentir à leur oreille ces paroles de saint Cyprien : *C'est une*

gem : Nostrum est, oves in ea dumtaxat pabula compellere, quæ salutaria iisdem sint, nec vel tenui suspicione perniciosa. Absit, Charissimi, absit, ut, quando tanta premant mala, tanta impendeant discrimina, suo desint muneri pastores, et perculsi metu dimittant oves, vel, abjecta cura gregis, otio turpeant, ac desidia. Agamus idcirco in unitate spiritus communem Nostram, seu verius Dei causam, et contra communes hostes pro totius populi salute una omnium sit vigilantia, una contentio.

Id porro apprime præstabitis, si, quod vestri muneris ratio postulat, attendatis vobis, et doctrinæ, illud assidue revolventes animo, *universalem Ecclesiam quacumque novitate pulsari* (1), atque ex S. Agathonis Pontificis monitu (2) *nihil de iis, quæ sunt regulariter definita, minui debere, nihil mutari, nihil adjici, sed ea et verbis, et sensibus illibata esse custodienda.* Immota inde consistet firmitas unitatis, quæ hac B. Petri Cathedra suo veluti fundamento continetur, ut unde in Ecclesias omnes venerandæ communionis jura dimanant, ibi *universis et murus sit, et securitas, et portus expers fluctuum, et bonorum thesaurus innumerabilium* (3). Ad eorum itaque retundendam audaciam, qui vel jura Sanctæ hujus Sedis infringere conantur, vel dirimere Ecclesiarum cum ipsa conjunctionem, qua una eædem nituntur et vigent, maximum fidei in eam ac venerationis sinceræ studium inculcate, inclamantes cum S. Cypriano (4), *falso confidere se esse in Ecclesia, qui Cathedram Petri deserat, super quam fundata est Ecclesia.*

(1) S. Celest. PP. Ep. 21. ad Episc. Galliar.
(2) S. Agatho PP. Ep. ad Imp. apud. Labb. Tom. 11. pag. 235. Ed. Mansi.
(3) S. Innocent. PP. Ep. 11. apud. Constat.
(4) S. Cypr. de unitate. Eccles.

erreur de croire être dans l'Eglise lorsqu'on abandonne le Siège de Pierre, qui est le fondement de l'Eglise.

Ce doit donc être le but de vos efforts et l'objet d'une vigilance continuelle, de garder le dépôt de la foi au milieu de cette vaste conspiration d'hommes impies que Nous voyons, avec la plus vive douleur, formée pour le dissiper et le perdre. Que tous se souviennent que le jugement sur la saine doctrine dont on doit nourrir le peuple, que le gouvernement et l'administration de l'Eglise entière appartiennent au Pontife Romain, *à qui a été confié, par notre Seigneur Jésus-Christ,* comme l'ont si clairement déclaré les Pères du Concile de Florence, *le plein pouvoir de paître, de régir et de gouverner l'Eglise universelle.* Quant aux Evêques en particulier, leur devoir est de rester inviolablement attachés à la Chaire de Pierre, de garder le saint dépôt avec une fidélité scrupuleuse, et de paître, autant qu'il est sous leur pouvoir, le troupeau de Dieu. Pour les prêtres, il faut qu'ils soient soumis aux Evêques et *qu'ils les honorent comme les pères de leurs âmes,* selon l'avis de saint Jérôme, qu'ils n'oublient jamais qu'il leur est défendu, même par les anciens Canons, de rien faire dans le ministère qui leur a été confié, et de prendre sur eux la charge d'enseigner et de prêcher, *sans l'approbation de l'Evêque, à qui le soin des fidèles a été remis et qui rendra compte de leurs âmes.* Qu'on tienne enfin pour une vérité certaine et incontestable, que tous ceux qui cherchent à troubler en quoi que ce soit cet ordre ainsi établi, ébranlent autant qu'il est en eux la constitution de l'Eglise.

Ce serait donc un attentat, une dérogation formelle au respect que méritent les lois ecclésiastiques, de blâmer, par une liberté insensée d'opinion, la discipline que l'Eglise a consacrée, par laquelle sont réglées

In hoc ideo elaborandum vobis est, adsidueque vigilandum, ut fidei depositum custodiatur in tanta hominum impiorum conspiratione, quam ad illud diripiendum perdendumque factam lamentamur. Meminerint omnes, judicium de sana doctrina, qua populi imbuendi sunt, atque Ecclesiæ universæ regimen et administrationem penes Romanum Pontificem esse, cui *plena pascendi, regendi, et gubernandi universalem Ecclesiam potestas a Christo Domino tradita fuit,* uti Patres Florentini Concilii diserte declararunt (1). Est autem singulorum Episcoporum Cathedræ Petri fidelissime adhærere, depositum sancte religioseque custodire, et pascere, qui in eis est, gregem Dei. Presbyteri vero subjecti sint, oportet, Episcopis, quos *uti animæ parentes suscipiendos ab ipsis esse,* monet Hieronymus (2) : nec unquam obliviscantur, se vetustis etiam canonibus vetari, quidpiam in suscepto ministerio agere, ac docendi et concionandi munus sibi sumere *sine sententia Episcopi, cujus fidei populus est creditus, et a quo pro animabus ratio exigetur* (3). Certum denique firmumque sit, eos omnes, qui adversus præstitutum hunc ordinem aliquid moliantur, statum Ecclesiæ, quantum in ipsis est, perturbare.

Nefas porro esset, atque ab eo venerationis studio prorsus alienum, qua Ecclesiæ leges sunt excipiendæ, sancitam ab ipsa disciplinam, qua et sacrorum

(1) Conc. Flor. Sess, 25. In definit. apud Labb. Tom. 18. col. 528. edit. Venet.

(2) S. Hieron. Ep. 2. ad Nepot. a 1. 24.

(3) Ex. Can. Ap. 58. apud. Labb. tom. 1. pag. 58. Edit. Mansi.

l'administration des choses saintes et la conduite des fidèles, qui détermine les droits de l'Eglise et les obligations de ses ministres, de la dire ennemie des principes certains du droit naturel, ou incapable d'agir par son imperfection même, ou soumise à l'autorité civile.

Mais puisque, pour Nous servir des paroles des Pères de Trente, il est certain que *l'Eglise a été instruite par Jésus-Christ et par ses Apôtres, et que l'Esprit-Saint, par une assistance de tous les jours, ne manque jamais de lui enseigner toute vérité,* c'est le comble de l'absurdité et de l'outrage envers elle de prétendre qu'une *restauration* et qu'une *régénération* lui sont devenues nécessaires pour assurer son existence et ses progrès, comme si l'on pouvait croire qu'elle aussi fût sujette, soit à la défaillance, soit à l'obscurcissement, soit à toute autre altération de ce genre. Et que veulent ces novateurs téméraires, sinon *donner de nouveaux fondements à une institution qui ne serait plus, par là même, que l'ouvrage de l'homme,* et réaliser ce que S. Cyprien ne peut assez détester, *en rendant l'Eglise toute humaine de divine qu'elle est?* Mais que les auteurs de semblables machinations sachent et retiennent qu'au seul Pontife Romain, d'après le témoignage de saint Léon, *a été confiée la dispensation des Canons,* que lui seul, et non pas un simple particulier, a le pouvoir de prononcer *sur les règles sanctionnées par les Pères,* et qu'ainsi, comme le dit saint Gélase, *c'est à lui de balancer entre eux les divers Décrets des Canons, et de limiter les ordonnances de ses prédécesseurs, de manière à relâcher quelque chose de leur rigueur et de les modifier après mûr examen, selon que le demande la nécessité des temps, pour les nouveaux besoins des églises.*

procuratio, et morum norma, et jurium Ecclesiæ, Ministrorumque ejus ratio continetur, vesana opinandi libidine improbari, vel ut certis juris naturæ principiis infestam notari, vel mancam dici atque imperfectam, civilique auctoritati subjectam.

Cum autem, ut Tridentinorum Patrum verbis utamur, constet Ecclesiam *eruditam fuisse a Christo JESU, ejusque Apostolis, atque a Spiritu Sancto illi omnem veritatem in dies suggerente edoceri* (1), absurdum plane est, ac maxime in eam injuriosum, *restaurationem ac regenerationem* quamdam obtrudi, quasi necessariam, ut ejus incolumitati et incremento consulatur, perinde ac si censeri ipsa possit vel defectui, vel obscurationi, vel aliis hujuscemodi incommodis obnoxia; quo quidem molimine eo spectant novatores, ut *recentis humanæ institutionis jaciantur fondamenta,* illudque ipsum eveniat, quod detestatur Cyprianus, ut, quæ divina res est, *humana fiat Ecclesia* (2). Perpendant vero, qui consilia id genus machinantur, uni Romano Pontifici ex S. Leonis testimonio *Canonum dispensationum esse creditam* ipsiusque dumtaxat esse, non vero privati hominis, *de paternarum regulis sanctionum* quidpiam decernere, atque ita, quemadmodum scribit S. Gelasius (3), *decreta Canonum librare, decessorumque præcepta metiri, ut quæ necessitas temporum restaurandis Ecclesiis relaxanda deposcit, adhibita consideratione diligenti, temperentur.*

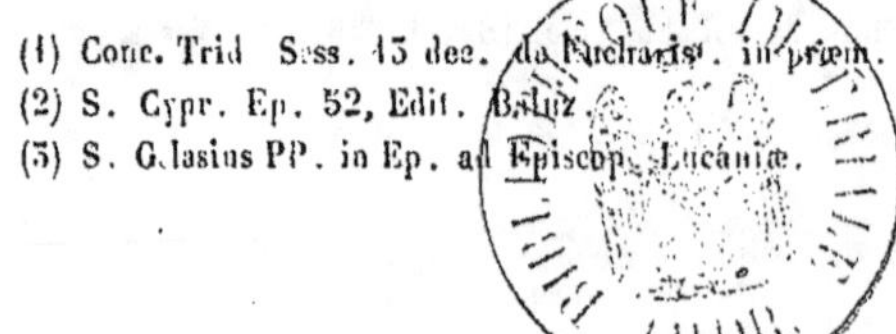

(1) Conc. Trid. Sess. 13 dec. de Eucharist. in prœm.
(2) S. Cypr. Ep. 52, Edit. Baluz.
(3) S. Gelasius PP. in Ep. ad Episcop. Lucaniæ.

2

C'est ici que nous réclamons la constance de votre zèle en faveur de la Religion contre les ennemis du célibat ecclésiastique, contre cette ligue abominable qui s'agite et s'étend chaque jour, qui se grossit par le mélange impur des plus impudents philosophes de notre siècle, et même de plusieurs transfuges de l'ordre clérical, qui, s'oubliant, eux et leur devoir, et jouets de passions séductrices, ont poussé la licence au point d'oser, en plusieurs endroits, présenter aux princes des requêtes, même publiques et réitérées, pour obtenir l'abolition de ce point sacré de discipline. Mais Nous rougissons d'arrêter longtemps vos regards sur de si honteuses tentatives, et pleins de confiance en votre religion, Nous Nous reposons sur vous du soin de défendre de toutes vos forces, d'après les règles des Saints Canons, une loi d'une si haute importance, de la conserver dans toute son intégrité, et de repousser les traits dirigés contre elle de tous côtés par des hommes que tourmentent les plus infâmes passions.

Un autre objet qui appelle notre commune sollicitude, c'est le mariage des chrétiens, cette alliance si pure que Saint Paul a appelée *un grand Sacrement en Jésus-Christ et en son Eglise.* Etouffons les opinions hardies et les innovations téméraires qui pourraient compromettre la sainteté de ses liens et leur indissolubilité. Déjà cette recommandation vous avait été faite d'une manière toute particulière par les Lettres de Notre Prédécesseur Pie VIII, d'heureuse mémoire. Cependant les attaques de l'ennemi vont toujours croissant; il faut donc avoir soin d'enseigner au peuple que le mariage, une fois légitimement contracté, ne peut plus être dissout; que Dieu a imposé aux époux qu'il a unis l'obligation de vivre en perpétuelle société, et que le nœud qui les lie ne peut être rompu que par la mort. N'oubliant jamais que le mariage est renfermé dans le cercle des choses saintes et placé par conséquent sous la juridiction de l'Eglise, les

Hic autem vestram volumus excitatam pro Religione constantiam adversus fœdissimam in Clericalem cœlibatum conjurationem, quam nostis effervescere in dies latius, connitentibus cum perditissimis nostri ævi philosophis nonullis etiam ex ipso ecclesiastico ordine, qui personæ obliti, munerisque sui, ac blanditiis abrepti voluptatum, eo licentiæ proruperunt, ut publicas etiam atque iteratas aliquibus in locis ausi sint adhibere Principibus postulationes ad disciplinam illam sanctissimam perfringendam. Sed piget de turpissimis hisce conatibus longo vos sermone distinere, vestræque potius religioni fidentes committimus, ut legem maximi momenti, in quam lascivientium tela undique sunt intenta, sartam tectam custodiri, vindicari, defendi, ex sacrorum canonum præscripto, omni ope contendatis.

Honorabile deinde Christianorum connubium, quod *Sacramentum magnum* nuncupavit Paulus *in Christo et Ecclesia* (1), communes nostras curas efflagitat, ne quid adversus ipsius sanctitatem, ac de indissolubili ejusdem vinculo minus recte sentiatur, vel tentetur induci. Impense id jam commendarat suis ad vos litteris felicis recordationis Prædecessor Noster Pius VIII : adhuc tamen infesta eidem molimina succrescunt. Docendi itaque sunt sedulo populi, matrimonium semel rite initum dirimi amplius non posse, nexisque connubio Deum indidisse perpetuam vitæ societatem, nodumque necessitudinis, qui exsolvi, nisi morte,

(1) Ad. Hebr. 13. 4.

fidèles auront sous les yeux les lois qu'elle-même a faites à cet égard ; ils y obéiront avec un respect et une exactitude religieuse, persuadés que, de leur exécution, dépendent absolument les droits, la stabilité et la légitimité de l'union conjugale. Qu'ils se gardent d'admettre en aucune façon rien de ce qui déroge aux règles canoniques et aux Décrets des Conciles ; sachant bien qu'une alliance sera toujours malheureuse, lorsqu'elle aura été formée, soit en violant la discipline ecclésiastique, soit avant de demander la bénédiction du Père céleste, soit en ne suivant que la fougue d'une passion qui ne leur permet de penser ni au Sacrement, ni aux mystères augustes qu'il signifie.

Nous venons maintenant à une autre cause, et la plus féconde des maux qui affligent à présent l'Eglise et que Nous déplorons si amèrement ; Nous voulons dire l'*indifférentisme*, ou cette opinion funeste répandue partout par la fourbe des méchants, qu'on peut, par une profession de foi quelconque, obtenir le salut éternel de l'âme, pourvu qu'on ait des mœurs conformes à la justice et à la probité. Mais dans une question si claire et si évidente, il vous sera sans doute facile d'arracher du milieu des peuples confiés à vos soins une erreur si pernicieuse. L'Apôtre nous en avertit : *il n'y a qu'un Dieu, qu'une foi, qu'un baptéme ;* qu'ils tremblent donc ceux qui s'imaginent que toute religion conduit par une voie facile au port de la félicité ; et qu'ils réfléchissent sérieusement sur ce témoignage du Sauveur lui-même, *qu'ils sont contre le Christ dès lors qu'ils ne sont pas avec le Christ,* et qu'ils dissipent misérablement par là même qu'ils n'amassent point avec lui, et que par conséquent, *ils périront éternellement sans aucun doute, s'ils ne gardent pas la foi catholique et s'ils ne*

non possit. Memores, sacris illud rebus adnumerari, et Ecclesiæ proinde subjici, præstitutas de ipso ejusdem Ecclesiæ leges habeant ob oculos, iisque pareant sancte, accurateque, ex quarum executione omnino pendet ejusdem connubii vis, robur, ac justa consociatio. Caveant, ne quod sacrorum canonum placitis, Conciliorumque decretis officiat, ulla ratione admittant, probe gnari, exitus infelices illa habitura esse conjugia, quæ vel adversusEcclesiæ disciplinam, vel non propitiato prius Deo, vel solo æstu libidinis, jungantur, quin de sacramento, ac de mysteriis, quæ illo significantur, ulla teneat sponsos cogitatio.

Alteram nunc persequimur causam malorum uberrimam, quibus afflictari in præsens comploramus Ecclesiam, *indifferentismum* scilicet, seu pravam illam opinionem, quæ improborum fraude ex omni parte percrebuit, qualibet fidei professione æternam posse animæ salutem comparari, si mores ad recti honestique normam exigantur. At facili sane negotio in re perspicua, planeque evidenti errorem exitiosissimum a populis vestræ curæ concreditis propelletis. Admonente enim Apostolo (1), *unum esse Deum, unam fidem, unum baptisma,* extimescant, qui e religione qualibet patere ad portum beatitudinis aditum comminiscuntur, reputentque animo ex ipsius Servatoris testimonio, *esse se contra Christum, quia cum Christo non sunt* (2) seque infeliciter dispergere, quia cum ipso non colligunt, ideoque *absque dubio æternum esse perituros, nisi teneant Catholicam*

(1) Ad. Ephes. 4. 5.

(2) Luc. 11 23.

la conservent entière et sans altération. Qu'ils écoutent saint Jérôme racontant lui-même, qu'à l'époque où l'Eglise était partagée en trois partis, fidèle à ce qui avait été résolu, il répétait sans cesse à qui faisait effort pour l'attirer à lui : *quiconque est uni à la Chaire de Pierre est avec moi.* En vain essaierait-t-on de se faire illusion en disant que soi-même aussi on a été régénéré dans l'eau : car saint Augustin répondrait précisément : *Il conserve aussi la forme de la vigne, le sarment qui en est séparé ; mais que lui sert cette forme, s'il ne vit point de la racine ?*

De cette source empoisonnée de l'*indifférentisme*, découle cette maxime fausse et absurde ou plutôt extravagante : qu'on doit procurer et garantir à chacun *la liberté de conscience ;* erreur des plus contagieuses, à laquelle applanit la voie cette liberté absolue et sans frein des opinions qui, pour la ruine de l'Eglise et de l'Etat, va se répandant de toutes parts, et que certains hommes, par un excès d'impudence, ne craignent pas de représenter comme avantageuse à la religion. Et *quelle mort plus funeste pour les âmes, que la liberté de l'erreur !* disait Saint Augustin. En voyant, en effet, ôter ainsi aux hommes tout frein capable de les retenir dans les sentiers de la vérité, entraînés qu'ils sont déjà à leur perte par un naturel enclin au mal, c'est en vérité que Nous disons qu'il est ouvert ce *puits de l'abîme,* d'où saint Jean vit monter une fumée qui obscurcissait le soleil, et des sauterelles sortir pour la dévastation de la terre. De là, en effet, le peu de stabilité des esprits ; de là la corruption toujours croissante des jeunes gens ; de là, dans le peuple, le mépris des droits sacrés, et des choses et

fidem, eamque integram, inviolatamque servaverint (1). Hieronymum audiant, qui, cum in tres partes schismate scissa esset Ecclesia, narrat, se tenacem propositi, quando aliquis rapere ipsum ad se nitebatur, constanter clamitasse : *Si quis Cathedræ Petri jungitur, meus es!* (2). Falso autem sibi quis blandiretur, quod et ipse in aqua sit regeneratus. Opportune enim responderet Augustinus (3) : *Ipsam formam habet etiam sarmentum, quod præcisum est de vite ; sed quid illi prodest forma si non vivit de radice?*

Atque ex hoc putidissimo *indifferentismi* fonte absurda illa fluit ac erronea sententia, seu potius deliramentum, asserendam esse ac vindicandam cuilibet *libertatem conscientiæ.* Cui quidem pestilentissimo errori viam sternit plena illa, atque immoderata libertas opinionum, quæ in sacræ, et civilis rei labem late grassatur, dictitantibus per summam impudentiam nonnullis, aliquid ex ea commodi in Religionem promanare. *At quæ pejor mors animæ, quam libertas erroris?* inquiebat Augustinus (4). Freno quippe omni adempto quo homines contineantur in semitis veritatis, proruente jam in præceps ipsorum natura ad malum inclinata, vere apertum dicimus *puteum abyssi* (5), e quo vidit Joannes ascendere fumum quo obscuratus est sol, locustis ex eo prodeuntibus in vastitatem terræ. Inde enim animorum immutationes, inde adolescentium in deteriora corruptio, inde in populo sacrorum, rerumque, ac legum sanctissimarum contemptus, inde uno

(1) Symbol. S. Athanas.
(2) S. Hier. Ep. 58.
(3) S. Aug. In Psal. contra part. Donat.
(4) S. Aug. Ep. 166.
(5) Apocalyps. 9. 3.

des lois les plus saintes ; de là en un mot, le fléau le plus funeste qui puisse ravager les Etats, puisque l'expérience nous atteste et que l'antiquité la plus reculée nous apprend que des cités puissantes en richesses, en domination et en gloire ont péri par ce seul mal : la liberté sans frein des opinions, la licence des discours publics, la passion des nouveautés.

A cela se rattache la liberté de la presse, liberté la plus funeste, liberté exécrable, pour laquelle on n'aura jamais assez d'horreur, et que certains hommes osent, avec tant de bruit et tant d'instance, demander et étendre partout. Nous frémissons, Vénérables Frères, en considérant de quels monstres de doctrines, ou plutôt de quels prodiges d'erreurs nous sommes accablés ; erreurs disséminées au loin et de tous côtés par une multitude immense de livres, de brochures, et d'autres écrits, petits il est vrai en volume, mais énormes en perversité, d'où sort la malédiction qui couvre la face de la terre et fait couler nos larmes.

Il est cependant, ô douleur ! des hommes emportés par un excès d'impudence tel, qu'ils ne craignent pas de soutenir opiniâtrement que le déluge d'erreurs qui découle de là est assez abondamment compensé par la publication de quelque livre imprimé pour défendre, au milieu de cet amas d'iniquités, la vérité et la religion. C'est un crime sans doute, et un crime réprouvé par toute espèce de droit, de commettre de dessein prémédité un mal certain et très grand, dans l'espérance que peut-être il en résultera quelque bien ; et quel homme sensé osera jamais dire qu'il est permis de répandre des poisons, de les vendre publiquement, de les colporter, bien plus, de les prendre avec avidité, sous prétexte qu'il existe quelque remède qui a parfois arraché à la mort ceux qui s'en sont servis ?

Mais bien différente a été la discipline de l'Eglise pour l'extinction des mauvais livres, dès l'âge même des Apôtres, que nous lisons avoir brûlé

verbo pestis rei publicæ præ qualibet capitalior, cum experientia teste vel a prima antiquitate notum sit, civitates, quæ opibus, imperio, gloria floruere, hoc uno malo concidisse, libertate immoderata opinionum, licencia concionum, rerum novandarum cupiditate.

Huc spectat deterrima illa, ac numquam satis exsecranda et detestabilis libertas artis librariæ ad scripta quælibet edenda in vulgus, quam tanto convicio audent nonnulli efflagitare ac promovere. Perhorrescimus, Venerabiles Fratres, intuentes, quibus monstris doctrinarum, seu potius quibus errorum portentis obruamur, quæ longe ac late ubique disseminantur ingenti librorum multitudine, libellisque, et scriptis mole quidem exiguis, malitia tamen permagnis, e quibus maledictionem egressam illacrymamur super faciem terræ. Sunt tamen, proh dolor ! qui eo impudentiæ abripiantur, ut asserant pugnaciter, hanc errorum colluviem inde prorumpentem satis cumulate compensari ex libro aliquo, qui in hac tanta pravitatum tempestate ad Religionem ac veritatem propugnandam edatur. Nefas profecto est, omnique jure improbatum, patrari data opera malum certum ac majus, quia spes sit, inde boni aliquid habitum iri. Numquid venena libere spargi, ac publice vendi, comportarique, imo et obbibi debere, sanus quis dixerit, quod remedii quidpiam habeatur, quo qui utuntur, eripi eos ex interitu identidem contingat?

Verum longe alia fuit Ecclesiæ disciplina in exscindenda malorum librorum peste vel ab Apostolorum ætate, quos legimus grandem librorum vim publice

publiquement une grande quantité de livres. Qu'il suffise, pour s'en convaincre, de lire attentivement les lois données sur cette matière dans le V⁰ Concile de Latran, et la Constitution publiée peu après par Léon X, Notre prédécesseur d'heureuse mémoire, pour empêcher *que ce qui a été heureusement inventé pour l'accroissement de la foi et la propagation des arts utiles, ne soit perverti en un usage tout contraire et ne devienne un obstacle au salut des fidèles.* Ce fut aussi l'objet des soins les plus vigilants des Pères de Trente, qui, pour apporter remède à un si grand mal, ordonnèrent, par le Décret le plus salutaire, la confection d'un Index des livres qui contiendraient de mauvaises doctrines. *Il faut combattre avec courage,* dit Clément XIII, Notre prédécesseur d'heureuse mémoire, dans sa Lettre encyclique sur la proscription des livres dangereux, *il faut combattre avec courage autant que la chose elle-même le demande, et exterminer de toutes ses forces le fléau de tant de livres funestes; jamais on ne fera disparaitre la matière de l'erreur, si les criminels éléments de la corruption ne périssent consumés par les flammes.*

De cette constante sollicitude avec laquelle, dans tous les âges, le Saint-Siège apostolique s'est efforcé de condamner les livres suspects et dangereux et de les arracher des mains des hommes, il apparait donc bien évidemment combien est fausse, téméraire, injurieuse au Siège apostolique, et féconde en grands malheurs pour le peuple chrétien, la doctrine de ceux qui, non seulement rejettent la censure comme trop pesante et trop onéreuse, mais qui en sont venus même à un tel degré de perver-

---

combussisse (1). Satis sit, leges in Concilio Lateranensi V. in eam rem datas perlegere, et Constitutionem, quæ deinceps a Leone X. fel. rec. Prædecessore Nostro fuit edita, ne *id quod ad fidei augmentum, ac bonarum artium propagationem salubriter est inventum, in contrarium convertatur, ac Christi fidelium saluti detrimentum pariat* (2). Id quidem et Tridentinis Patribus maximæ curæ fuit, qui remedium tanto huic malo adhibuere, edito saluberrimo decreto de Indice librorum, quibus impura doctrina contineretur, conficiendo (3). *Pugnandum est acriter,* inquit Clemens XIII. fel. rec. Prædecessor Noster in suis de noxiorum librorum proscriptione encyclicis litteris (4), *pugnandum est acriter, quantum res ipsa efflagitat, et pro viribus tot librorum mortifera exterminanda pernicies : nunquam enim materia subtrahetur erroris, nisi pravitatis facinorosa elementa in flammis combusta depereant.* Ex hac itaque constanti omnium ætatum sollicitudine, qua semper Sancta hæc Apostolica Sedes suspectos et noxios libros damnare, et de hominum manibus extorquere enisa est, patet luculentissime, quantopere falsa, temeraria, eidemque Apostolicæ Sedi injuriosa, et fecunda malorum in Christiano Populo ingentium sit illorum doctrina, qui nedum censuram librorum veluti gravem nimis, et onerosam rejiciunt, sed eo etiam improbitatis progrediuntur, ut eam prædicent a recti juris principiis abhorrere, jusque illius decernendæ, habendæque audeant Ecclesiæ denegare.

(1) Act. Apost. 19.
(2) Act. Conc. Lateran. V. Sess. 10. ubi refertur Const. Leonis X. Legenda est anterior Constitutio Alexandri VI. *Inter multiplices,* in qua multa ad rem.
(3) Conc. Trid. Sess. 18 et 26.
(4) Lit. Clem. XIII. Christianæ 25 nov. 1766.

sité, qu'ils ne craignent pas de proclamer qu'elle répugne aux principes de la justice, et refusent à l'Eglise le droit de la décréter et de l'exercer.

Comme Nous avons aussi appris que, dans des écrits répandus dans le public, on enseigne certaines doctrines par lesquelles la fidélité et la soumission due aux princes est détruite, et les torches de la sédition partout allumées, il faudra bien prendre garde que les peuples, trompés par ces doctrines, ne s'écartent des sentiers du droit. Que tous considèrent attentivement que selon l'avertissement de l'Apôtre, « *Il n'est point de puissance qui ne vienne de Dieu ; et celles qui existent existent par l'ordre de Dieu; ainsi celui qui résiste au pouvoir résiste à l'ordre établi de Dieu, et ceux qui résistent attirent sur eux-mêmes la condamnation.* » Les droits divins et humains s'élèvent donc contre ceux qui, par les machinations les plus noires de la révolte et de la sédition, s'efforcent de détruire la fidélité due aux princes et de les renverser eux-mêmes de leurs trônes.

C'est sans doute pour cette raison que, de peur de se souiller d'une pareille tache, les anciens Chrétiens, quoiqu'au milieu des plus violentes persécutions, ont cependant toujours bien mérité des Empereurs et de l'Empire, et qu'ils l'ont clairement démontré, non seulement par leur fidélité à obéir exactement et promptement dans tout ce qui n'était pas contraire à la Religion, mais encore par leur constance et par l'effusion même de leur sang dans les combats. *Les soldats Chrétiens*, dit saint Augustin, *ont servi l'Empereur infidèle ; mais dès qu'on en venait à la cause du Christ, ils ne reconnaissaient plus que celui qui habite dans les Cieux. Ils distinguaient le Maître éternel du Maître temporel, et cependant ils étaient soumis, à cause du Maître éternel, au Maître même temporel.* C'était aussi ce qu'avait présent à l'esprit Maurice, l'invincible martyr, le

Cum autem circumlatis in vulgus scriptis doctrinas quasdam promulgari acceperimus, quibus debita erga Principes fides atque submissio labefactatur, facesque perduellionis ubique incenduntur : cavendum maxime erit, ne populi inde decepti a recti semita abducantur. Animadvertant omnes, *non esse*, juxta Apostoli monitum, *potestatem nisi a Deo : quæ autem sunt, a Deo ordinatæ sunt. Itaque qui resistit potestati, Dei ordinationi resistit, et qui resistunt, ipsi sibi damnationem acquirunt* (1). Quocirca et divina et humana jura in eos clamant, qui turpissimis perduellionis seditionumque machinationibus a fide in Principes desciscere, ipsosque ab imperio deturbare connituntur.

Atque hac plane ex causa, ne tanta se turpitudine fœdarent veteres Christiani, sævientibus licet persecutionibus, optime tamen eos de Imperatoribus, ac de Imperii incolumitate meritos fuisse constat, idque nedum fide in iis, quæ sibi mandabantur Religioni non contraria, accurate prompteque perficiendis, sed et constantia, et effuso etiam in præliis sanguine luculentissime comprobasse. *Milites Christiani*, ait S. Augustinus (2) *servierunt Imperatori infideli; ubi veniebatur ad causam Christi, non agnoscebant, nisi illum qui in cælis erat. Distinguebant Dominum æternum a Domino temporali, et tamen subditi erant propter Dominum æternum etiam Domino temporali.* Hæc quidem sibi ob oculos proposuerat Mauritius Martyr invictus, Legionis Thebanæ Primicerius, quando, ut,

(1) Ad. Rom. 13, 2.
(2) S. Aug. in Psald. 124 n. 7.

premier chef de la Légion thébaine, lorsqu'au rapport de saint Eucher, il fit cette réponse à l'Empereur : *Nous sommes, Prince, vos soldats ; mais cependant, nous le confessons librement, les serviteurs de Dieu.... et maintenant l'extrême nécessité de la vie à laquelle vous nous réduisez, ne nous force pas à la rébellion ; nous tenons les armes en main, et nous ne résistons pas, parce que nous aimons mieux mourir que de tuer.* Cette fidélité des anciens Chrétiens envers les princes apparaît plus illustre encore, si l'on considère, avec Tertullien, qu'alors la force du nombre et des troupes ne manquait pas aux Chrétiens de ce temps s'ils eussent voulu chasser des ennemis déclarés : « Nous ne sommes que d'hier, dit-il lui-« même, et nous remplissons tout : vos villes, vos îles, vos forteresses, « vos municipes, vos assemblées, les camps eux-mêmes, les tribus, les « décuries, le palais, le sénat, le forum.... A quelle guerre n'eussions-« nous pas été propres et disposés même à forces inégales, nous, qui nous « laissons égorger avec tant de facilité, si par la foi que nous professons, « il n'était pas plutôt permis de recevoir la mort que de la donner ! Nom-« breux comme nous le sommes, si, nous étant retirés dans quelque coin « du monde, nous eussions rompu avec vous, la perte de tant de citoyens, « quel qu'eût été leur caractère, aurait certainement fait rougir de honte « votre tyrannie. Que dis-je ? Cette seule séparation eût été votre châti-« ment. Sans aucun doute, vous eussiez été saisis d'effroi à la vue de votre « solitude.... Vous eussiez cherché à qui commander ; il vous fût resté « plus d'ennemis que de citoyens ; mais maintenant vos ennemis sont le « plus petit nombre, grâce à la multitude des Chrétiens ».

Ces éclatants exemples d'une constante soumission envers les princes, tiraient nécessairement leur source des préceptes très saints de la Religion

S. Eucherius refert, hœc respondit Imperatori (1) : *Milites sumus, Imperator, tui, sed tamen servi, quod libere confitemur, Dei.... Et nunc non nos hœc ultima vitæ necessitas in rebellionem coegit : tenemus ecce arma, et non resistimus, quia mori, quam occidere satius volumus.* Quæ quidem veterum Christianorum in Principes fides eo etiam illustrior effulget si perpendatur cum Tertulliano (2), tunc temporis Christianis *non defuisse vim numerorum, et copiarum, si hostes exertos agere voluissent. Hesterni sumus,* inquit ipso, *et vestra omnia implevimus, Urbes, Insulas, Castella, Municipia, Conciliabula, Castra ipsa, Tribus, Decurias, Palatium, Senatum, Forum.... Cui bello non idonei, non prompti fuissemus, etiam impares copiis, qui tam libenter trucidamur, si non apud istam disciplinam magis occidi liceret, quam occidere?.... Si tanta vis hominum in aliquem Orbis remoti sinum abrupissemus a vobis, suffudisset utique pudore Dominationem vestram tot qualiumcumque amissio civium, immo et ipsa destitutione punisset. Procul dubio expavissetis ad solitudinem vestram;... quæsissetis, quibus imperaretis : plures hostes, quam cives vobis remansissent : nunc autem pauciores hostes habetis præ multitudine Christianorum.*

Præclara hæc immobilis subjectionis in Principes exempla, quæ ex sanctissimis Christianæ Religionis præceptis necessario proficiscebantur, detestandam

(1) S. Eucher. apud Ruinard. Act. SS. MM. de SS. Maurit et Soc. n. 4.
(2) Tertul. in Apologet. Cap. 35.

chrétienne et condamnent la perversité et la détestable insolence de ceux qui, brûlant d'une passion sans règle et sans frein pour une liberté qui ose tout, s'emploient tout entiers à renverser et à détruire tous les droits de l'autorité souveraine, apportant aux peuples la servitude sous les apparences de la liberté. C'était vers le même but, certes, que tendaient de concert les extravagances et les désirs criminels des Vaudois, des Béguards, des Wiclefistes et d'autres semblables enfants de Bélial, la honte et l'opprobre du genre humain, et qui, tant de fois furent, pour cette raison, justement frappés d'anathême par le Siège Apostolique. Ce n'est certainement pas pour un autre but que ces fourbes achevés réunissent toutes leurs forces ; c'est pour l'atteindre plus facilement et plus promptement, et pouvoir dans leur triomphe se féliciter avec Luther *d'être libres de tout,* qu'ils commettent avec la plus grande audace les plus noirs attentats.

Nous ne pourrions augurer de plus heureux résultats pour la religion et pour le pouvoir civil, des désirs de ceux qui appellent avec tant d'ardeur la séparation de l'Eglise et de l'Etat et la rupture de la concorde entre le sacerdoce et l'Empire. Car c'est un fait avéré, que tous les amateurs de la liberté la plus effrénée redoutent par dessus tout cette concorde, qui toujours a été aussi salutaire et aussi heureuse pour l'Eglise que pour l'Etat.

Mais, à tous ces objets de Notre déchirante sollicitude et de la douleur accablante qui Nous est en quelque sorte particulière au milieu du danger commun, viennent se joindre encore certaines Associations et réunions, ayant des règles déterminées, qui se forment comme en corps d'armée, avec les sectateurs de toute espèce de fausse religion et de culte, sous les apparences, il est vrai, du dévouement à la Religion, mais en réalité dans le désir de répandre partout les nouveautés et les séditions, proclamant toute espèce de liberté, excitant des troubles contre le pou-

illorum insolentiam, et improbitatem condemnant, qui projecta, effrenataque procacis libertatis cupiditate æstuantes, toti in eo sunt, ut jura quæque Principatuum labefactent, atque convellant, servitutem sub libertatis specie populis illaturi. Huc sane scelestissima deliramenta, consiliaque conspirarunt Waldensium, Beguardorum, Wiclefistarum, aliorumque hujus modi Filiorum Belial, qui humani generis sordes, ac dedecora fuere, merito idcirco ab Apostolica hac Sede toties anathemate confixi. Nec alia profecto ex causa omnes vires intendunt veteratores isti, nisi ut cum Luthero ovantes gratulari sibi possint, *liberos se esse ab omnibus :* quod ut facilius celeriusque assequantur, flagitiosiora quælibet audacissime aggrediuntur.

Neque lætiora et Religioni, et Principatui ominari possemus ex eorum votis, qui Ecclesiam a Regno separari, mutuamque Imperii cum Sacerdotio concordiam abrumpi discupiunt. Constat quippe, pertimesci ab impudentissimæ libertatis amatoribus concordiam illam, quæ semper rei et sacræ et civili fausta extitit ac salutaris.

At ad ceteras acerbissimas causas, quibus solliciti sumus, et in communi discrimine dolore quodam angimur præcipuo, accessere consociationes quædam, statique cœtus, quibus, quasi agmine facto cum cujuscumque etiam falsæ religionis ac cultus sectatoribus, simulata quidem in religionem pietate, vere tamen novitatis, seditionumque ubique promovendarum cupidine, libertas omnis

voir sacré et contre le pouvoir civil, et reniant toute autorité, même la plus sainte.

C'est avec un cœur déchiré, mais plein de confiance en Celui qui commande aux vents et rétablit le calme, que Nous vous écrivons ces choses, Vénérables Frères, afin que, revêtus du bouclier de la foi, vous vous attachiez à combattre vaillamment les combats du Seigneur. C'est à vous surtout qu'il appartient de vous opposer comme un rempart à toute hauteur qui s'élève contre la science de Dieu. Tirez le glaive de l'esprit, qui est la parole de Dieu, et que ceux qui ont faim de la justice reçoivent de vous la nourriture. Choisis pour être des cultivateurs diligents dans la vigne du Seigneur, n'agissez que pour cette unique fin, et travaillez tous ensemble pour que toute racine d'amertume soit arrachée du champ qui vous a été confié, et que toute semence de vices y étant étouffée, une heureuse moisson de vertus y croisse et s'y fortifie. Embrassant avec une affection toute paternelle ceux surtout qui appliquent leur esprit d'une manière toute particulière aux sciences sacrées et aux questions philosophiques, exhortez-les, et faites qu'ils ne s'écartent pas des sentiers de la vérité pour courir la voie des impies, en ne s'appuyant que sur les seules forces de leur raison. Qu'ils se souviennent que c'est *Dieu qui conduit dans les routes de la vérité et qui perfectionne les sages*, et qu'il ne peut se faire que, sans Dieu, nous apprenions Dieu, le Dieu qui par sa parole instruit les hommes à le connaître. C'est le propre de l'homme superbe, ou plutôt de l'insensé, de peser dans des balances humaines les mystères de la foi, qui sont au-dessus de tout sens humain, et de mettre sa confiance dans une raison qui, par la condition même de la nature de l'homme, est faible et débile.

generis prædicatur, perturbationes in sacram et civilem rem exscitantur, sanctior quælibet auctoritas discerpitur.

Hæc perdolenti sane animo, fidentes tamen in Eo, qui imperat ventis et facit tranquillitatem, scribimus ad vos, Venerabiles Fratres, ut induti scutum fidei contendatis prœliari strenue prœlia Domini. Ad vos potissimum pertinet, stare pro muro contra omnem altitudinem extollentem se adversus scientiam Dei. Exerite gladium spiritus, quod est verbum Dei, habeantque a vobis panem, qui esuriunt justitiam. Adsciti, ut sitis cultores gnavi in vinea Domini, id unum agite, in hoc simul laborate, ut radix quælibet amaritudinis ex agro vobis commisso evellatur, omnique enecato semine vitiorum convalescat ibi seges læta virtutum. Eos in primis affectu paterno complexi, qui ad sacras præsertim disciplinas, et ad philosophicas questiones animum appulere, hortatores auctoresque iisdem sitis, ne solius ingenii sui viribus freti imprudenter a veritatis semita in viam abeant impiorum. Meminerint, Deum esse *sapientiæ ducem, emendatoremque sapientium* (1), ac fieri non posse, ut sine Deo Deum discamus, qui per verbum docet homines scire Deum (2). Superbi, seu potius insipientis hominis est, fidei mysteria, quæ exsuperant omnem sensum, humanis examinare ponderibus, nostræque mentis rationi confidere, quæ naturæ humanæ conditione debilis est, et infirma.

(1) Sap. 7, 15.
(2) S. Ireneus Lib. 11. Cap. 10.

Au reste, que les Princes, Nos Fils les plus chers en Jésus-Christ, favorisent de leur puissance et de leur autorité les vœux que Nous formons avec eux pour la prospérité de la Religion et des Etats, et qu'ils songent que le pouvoir leur a été donné, non seulement pour le gouvernement du monde, mais surtout pour l'appui et la défense de l'Eglise. Qu'ils considèrent sérieusement que tous les travaux entrepris pour le salut de l'Eglise, le sont pour leur repos et le soutien de leur autorité. Bien plus, qu'ils se persuadent que la cause de la foi doit leur être plus chère que celle même de leur royaume, et que leur plus grand intérêt, Nous le disons avec le Pape Saint Léon, *est de voir ajouter, de la main du Seigneur, la couronne de la foi à leur diadème.* Etablis comme les pères et les tuteurs des peuples, ils leur procureront un bonheur véritable et constant avec l'abondance et la tranquillité, s'ils mettent leur principal soin à faire fleurir la Religion et la piété envers le Dieu qui porte écrit sur sa cuisse : *Roi des Rois, Seigneur des Seigneurs.*

Mais pour que toutes ces choses s'accomplissent heureusement, levons les yeux et les mains vers la très-sainte Vierge MARIE, qui seule a détruit toutes les hérésies, qui est le principal objet de Notre confiance, disons plus, la raison de Notre espérance elle-même. Que dans la nécessité pressante où se trouve le troupeau du Seigneur, elle demande elle-même avec instance les plus heureux succès pour Notre zèle, Nos desseins et Nos entreprises. Demandons aussi, par d'humbles prières, à PIERRE, Prince des Apôtres, et à PAUL, l'associé de son Apostolat, que vous soyez tous comme un mur inébranlable, et qu'on ne pose pas d'autre fondement que celui qui a été posé. Appuyé sur ce doux espoir, Nous avons confiance que l'auteur et le consommateur de Notre foi, Jésus-Christ, Nous consolera tous enfin, au

Ceterum communibus hisce votis pro rei et sacræ, et publicæ incolumitate Carissimi in Christo Filii Nostri Viri Principes sua faveant ope, et auctoritate, quam sibi collatam considerent non solum ad mundi regimen, sed maxime ad Ecclesiæ præsidium. Animadvertant sedulo, pro illorum imperio et quiete geri, quidquid pro Ecclesiæ salute laboratur ; imo pluris sibi suadeant fidei causam esse debere quam Regni, magnumque sibi esse perpendant, dicimus cum S. Leone Pontifice, *si ipsorum diademati de manu Domini etiam fidei addatur corona.* Positi quasi parentes, et tutores populorum, veram, constantem, opulentam iis quietem parient, et tranquillitatem, si in eam potissimum curam incumbant, ut incolumis sit Religio et pietas in Deum, qui habet scriptum in femore : *Rex Regum et Dominus dominantium.*

Sed ut omnia hæc prospere ac feliciter eveniant, levamus oculos manusque ad Sanctissimam Virginem MARIAM, quæ sola universas hæreses interemit, Nostraque maxima fiducia, imo tota ratio est spei Nostræ (1). Suo Ipsa patrocinio in tanta Dominici gregis necessitate studiis, consiliis, actionibusque Nostris exitus secundissimos imploret. Id et ab Apostolorum Principe PETRO, et ab ejus Coapostolo PAULO humili prece efflagitemus, ut stetis omnes pro muro, ne fundamentum aliud ponatur præter id quod positum est. Hac jucunda spe freti, confidimus, Auctorem consummatoremque fidei JESUM CHRISTUM consolatu-

(1) Ex. S. Bernardo Serm. de nat. B. M. V. § 7.

milieu des tribulations extrêmes qui Nous accablent ; et comme présage du secours céleste, Nous vous donnons, Vénérables Frères, à vous et aux brebis confiées à vos soins, la Bénédiction Apostolique.

Donné à Rome à Sainte-Marie-Majeure, le XVIII des Calendes de septembre, le jour solennel de l'Assomption de cette *Bienheureuse Vierge Marie*, l'an 1832 de l'Incarnation de Notre-Seigneur, de Notre Pontificat le deuxième.

rum tandem esse Nos omnes in tribulationibus, quæ invenerunt Nos nimis, cœlestisque auxilii auspicem Apostolicam Benedictionem, vobis, Venerabiles Fratres, et ovibus vestræ curæ traditis peramanter impertimur.

Datum Romæ apud S. Mariam majorem XVIII. Kalendas Septembris die sollemni Assumptionis ejusdem B. V. MARIÆ Anno Dominicæ Incarnationis MDCCCXXXII. Pontificatus Nostri Anno II.

ALLOCUTION

DE

N. S. P. LE PAPE PIE IX

DANS LE

CONSISTOIRE SECRET

DU 18 MARS 1861 (1).

———————

Déjà depuis longtemps Nous voyons, Vénérables Frères, par quelle déplorable lutte, née de l'incompatibilité des principes entre la vérité et l'erreur, entre la vertu et le vice, entre la lumière et les ténèbres, la société civile, en nos temps malheureux, est plus que jamais jetée dans l'agitation et le trouble. Les uns soutiennent certains principes qu'ils appellent les principes de la civilisation moderne; les autres défendent les droits de la justice et de notre religion très sainte. Les premiers demandent que le Pontife romain se reconcilie et fasse alliance avec ce qu'ils nomment *le progrès, le libéralisme*, la civilisation nouvelle. Les seconds réclament à bon droit pour que les principes immuables et inébranlables de l'éternelle justice soient gardés inviolables dans leur intégrité, et pour que l'on sauvegarde pleinement la puissance salutaire de notre religion divine, qui fait resplendir la gloire de Dieu, qui donne des remèdes opportuns pour tous les maux dont le genre

(1) Voici le texte de cette allocution:

VENERABILES FRATRES,

Jamdudum cernimus, Venerabiles Fratres, quo misero sane conflictu ob invicem pugnantia inter veritatem et errorem, inter virtutem et vitium, inter lucem et tenebras principia, hac miserrima nostra præsertim ætate civilis exagitetur societas. Namque alii ex una parte tuentur quædam modernæ, uti appellant, civilitatis placita; alii ex altera justitiæ sanctissimæque nostræ religionis jura propugnant. Ac primi postulant, ut Romanus Pontifex cum *Progressu*, cum *Liberalismo*, uti vocant, ac recenti civilitate se reconciliet et componat. Alteri vero merito efflagitant, ut immobilia et inconcussa æternæ justitiæ principia integra et inviolata custodiantur, et saluberrima divinæ nostræ religionis vis omnino servetur, quæ et Dei gloriam amplificat, et opportuna tot malis, quibus humanum genus affligitur, affert remedia, quæque est unica veraque norma, qua

humain est affligé, et qui est l'unique règle par laquelle les enfants des hommes, formés dans cette vie mortelle à toutes les vertus, soient conduits au port de l'éternité bienheureuse. Mais cette opposition, les patrons de la civilisation moderne ne l'admettent pas, car ils affirment qu'ils sont les amis vrais et sincères de la religion. Nous voudrions ajouter foi à leur parole, si les faits les plus douloureux qui se passent sous les yeux de tous ne venaient chaque jour attester le contraire. Il n'y a sur la terre qu'une seule religion véritable et sainte, fondée et instituée par le Christ Notre-Seigneur lui-même ; mère féconde et nourrice de toutes les vertus, ennemie des vices, qu'elle chasse devant elle, libératrice des âmes, source de la vraie félicité, elle s'appelle Catholique-Apostolique-Romaine. Dans notre allocution consistoriale du 9 décembre 1854, Nous avons dit ce qu'il faut penser de ceux qui vivent hors de cette arche de salut, et Nous confirmons ici la même doctrine. Quant à ceux qui Nous invitent pour le bien de la religion, à tendre la main à la civilisation moderne, Nous leur demandons si, en présence des faits dont nous sommes témoins, Celui que le Christ lui-même a divinement constitué son vicaire sur la terre pour maintenir la pureté de sa doctrine céleste, pour en nourrir ses agneaux et ses brebis, et pour les confirmer dans cette doctrine, pourrait, sans blesser gravement sa conscience, sans devenir pour tous un objet de scandale, faire alliance avec cette civilisation moderne, d'où viennent tant de maux que l'on ne saurait jamais assez déplorer, tant d'opinions détestables, tant d'erreurs et tant de principes absolument contraires à la religion catholique et à sa doctrine ? Sans rappeler d'autres faits, qui ne sait, par exemple, comment les conventions solennelles légitimement conclues entre le Siége apostolique et les princes souverains sont entièrement an-

filii hominum in hac mortali vita omni virtute instituti ad beatæ æternitatis portum perducuntur. Sed hodiernæ civilitatis patroni hujusmodi discrimini haud acquiescunt, quandoquidem sese veros et sinceros religionis amicos affirmant. Ac Nos fidem eis adhibere vellemus, nisi tristissima sane facta, quæ ante omnium oculos quotidie versantur, contrarium prorsus ostenderent. Et quidem una est vera ac sancta super terram religio ab ipso Christo Domino fundata et instituta, quæ virtutum omnium fecunda parens et altrix, ac vitiorum expultrix, et animorum liberatrix, veræque felicitatis index, appellatur Catholica Apostolica Romana. Quid autem sentiendum de iis, qui extra hanc salutis arcam vivunt, jam alias declaravimus in Consistoriali Nostra Allocutione diei 9 decembris anni millesimi octingentesimi quinquagesimi quarti, atque hic eamdem doctrinam confirmamus. Jam vero ab iis, qui pro religionis bono Nos ad hodiernæ civilitati dexteram porrigendam invitant, quærimus utrum facta talia sint, quæ Christi hic in terris Vicarium ab Ipso ad cœlestis suæ doctrinæ puritatem tuendam, atque ad agnos ovesque eadem doctrina pascendas et confirmandas divinitus constitutum possint inducere, ut sine gravissimo conscientiæ piaculo, et maximo omnium scandalo se cum hodierna civilitate consociet, cujus opera tot nunquam satis deploranda eveniunt mala, tot teterrimæ opiniones errores et principia promulgantur, quæ catholicæ religioni ejusque doctrinæ omnino adversantur. Atque inter hæc facta nemo ignorat quomodo vel ipsæ solemnes Conventiones inter hanc Apostolicam Sedem et Regios Principes rite initæ penitus destruantur, veluti nuper Neapoli accidit. Qua quidem de re in hoc amplissimo vestro

nulées, ainsi que cela est arrivé tout récemment à Naples ? Nous Nous plaignons ici devant vous, Vénérables Frères, de ce dernier acte, réclamant de toutes Nos forces, et protestant comme Nous avons protesté contre les autres attentats et violations de même nature.

Cette civilisation moderne, qui s'attache à favoriser tout culte non catholique, qui n'écarte pas même les infidèles des emplois publics, et qui ouvre les écoles catholiques à leurs enfants, se déchaîne d'autre part contre les communautés religieuses, contre les instituts fondés pour diriger les écoles catholiques, contre les personnes ecclésiastiques de tout rang, contre celles mêmes qui sont revêtues des plus hautes dignités, et dont plusieurs souffrent aujourd'hui dans l'exil ou dans les fers, enfin contre les laïques distingués qui, dévoués à Notre personne et à ce Saint-Siége, défendent courageusement la cause de la religion et de la justice. Cette civilisation, qui prodigue ses subsides aux instituts et aux personnes non catholiques, dépouille l'Eglise catholique de ses possessions légitimes, et s'applique par tous les moyens, avec le plus grand zèle, à affaiblir sa salutaire influence. Elle laisse toute liberté à ceux qui, par leur parole ou par leurs écrits, attaquent l'Eglise et les hommes dévoués à sa cause ; elle inspire, entretient et fomente ainsi la licence, et en même temps elle se montre pleine de modération et de réserve dans la répression des attaques violentes et odieuses dirigées contre ceux qui publient de bons écrits, tandis qu'elle traite ces derniers avec la plus grande sévérité dès qu'il leur arrive de dépasser le moins du monde les bornes de la modération telle qu'il lui plaît de l'entendre.

Est-ce donc à cette civilisation que le Pontife romain pourrait jamais tendre une main amie ? Est-ce avec elle qu'il pourrait contracter une alliance et une amitié sincères ? Que l'on rende aux choses leurs véritables

consessu etiam atque etiam querimur, Venerabiles Fratres, et summopere reclamamus eo prorsus modo, quo contra similes ausus et violationes alias protestati sumus.

Hæc autem moderna civilitas, dum cuique acatholico cultui favet, ipsosque infideles a publicis muneribus obeundis minime prohibet, et catholicas scholas illorum filiis recludit, irascitur adversus Religiosas Familias, adversus instituta catholicis scholis moderandis fundata, adversus quamplurimos cujusque gradus ecclesiasticos viros amplissima etiam dignitate insignitos, quorum non pauci vitam in exilii incerto aut in vinculis misere agunt, et adversus etiam spectatos laïcos viros, qui Nobis et huic Sanctæ Sedi addicti religionis justitiæque causam alacriter defendunt. Hæc civilitas dum acatholicis institutis ac personis subsidia largitur, catholicam Ecclesiam justissimis suis possessionibus spoliat, et omnia adhibet consilia ac studia ad salutarem ipsius Ecclesiæ efficaciam imminuendam. Insuper dum omnem tribuit libertatem quibusque verbis et scriptis, quæ Ecclesiam omnesque ipsi ex corde devotos aversantur, ac dum licentiam animat alit et fovet, eodem tempore se omnino cautam moderatamque exhibet in reprehendenda violenta et immiti interdum agendi ratione contra eos adhibita, qui optima vulgant scripta; et omnem in puniendo exercet severitatem, si ab his moderationis fines vel leviter præteriri arbitretur.

Hujusmodi igitur civilitati posset-ne unquam Romanus Pontifex amicam protendere dexteram, et cum ea fœdus concordiamque ex animo inire ? Vera rebus

noms, et l'on verra que le Saint-Siége est toujours d'accord avec lui-même. Car il n'a cessé d'être le protecteur et le soutien de la véritable civilisation ; les monuments de l'histoire attestent et prouvent de la manière la plus éloquente, qu'à toutes les époques le Saint-Siége a porté, jusque dans les contrées barbares les plus éloignées, les vrais principes d'humanité, l'ordre et la sagesse. Mais si l'on veut entendre par civilisation un système combiné tout exprès pour affaiblir et peut-être pour renverser l'Eglise du Christ, il est bien certain que jamais ni le Saint-Siége, ni le Pontife romain ne pourront s'entendre avec cette civilisation : « *Qu'y a-t-il en effet de commun*, s'écrie l'Apôtre avec beaucoup de sagesse, *entre la justice et l'iniquité ? Quelle union y a-t-il entre la lumière et les ténèbres ? Et quel accord peut-il y avoir entre le Christ et Bélial ?* »

Avec quelle bonne foi les perturbateurs et les fauteurs de la révolte viennent-ils donc élever la voix en parlant de tous les efforts qu'ils auraient faits sans succès pour s'entendre avec le Pontife romain ? Comment celui qui puise toute sa force dans les principes de l'éternelle justice pourrait-il jamais les abandonner au point que notre sainte foi en soit affaiblie, et que l'Italie soit exposée à perdre, avec son plus beau lustre, la gloire dont elle jouit depuis dix-neuf siècles, d'être le centre et le siége de la vérité catholique ? Et l'on ne saurait objecter que dans ce qui est du ressort du pouvoir temporel, le Saint-Siége serait demeuré sourd aux demandes de ceux qui lui ont exprimé le désir d'une administration plus libérale. Sans rappeler les exemples anciens, Nous parlerons de notre triste époque. Dès que l'Italie a obtenu de ses princes légitimes des institutions plus libérales, dans Notre amour paternel pour ceux de Nos fils qui vivent sous

vocabula restituantur, et hæc Sancta Sedes sibi semper constabit. Siquidem ipsa veræ civilitatis continenter fuit patrona et altrix; atque historiæ monumenta eloquentissime testantur ac probant, omnibus ætatibus ab eadem Sancta Sede in disjunctissimas quasque et barbaras terrarum orbis regiones veram rectamque fuisse invectam morum humanitatem, disciplinam, sapientiam. At cum civilitatis nomine velit intelligi systema apposite comparatum ad debilitandam ac fortasse etiam delendam Christi Ecclesiam, nunquam certe quidem hæc Sancta Sedes et Romanus Pontifex poterunt cum hujusmodi civilitate convenire. *Quæ enim*, uti sapientissime clamat Apostolus, *participatio justitiæ cum iniquitate, aut quæ societas luci ad tenebras ? Quæ autem conventio Christi ad Belial ?* (1)

Qua igitur probitate perturbatores, et seditionis patroni suam vocem attollunt ad exaggerandos conatus frustra ab ipsis adhibitos, ut se cum Romano Pontifice componant? Hic enim, qui suam omnem vim haurit ex æternæ justitiæ principiis, quonam pacto posset illa unquam deserere, ut sanctissima debilitetur fides, atque ideo Italia in discrimen adducatur amittendi maximum suum splendorem et gloriam, qua undeviginti ab hinc sæculis refulget ob centrum et sedem, qua præstat, catholicæ veritatis? Neque objici potest, hanc Apostolicam Sedem in rebus civilis principatus clausas habuisse aures illorum postulationibus, qui liberiorem administrationem exoptare significarunt. Ut vetera omittamus exempla, de hac nostra infelici ætate loquemur. Ubi enim Italia a legitimis suis Principibus liberiores institutiones obtinuit, Nos paternum animum gerentes filiorum

(1) Epist II. ad Corinth. c. VI. v. 14, 15.

Notre gouvernement pontifical, Nous les avons appelés au partage de l'administration civile, et Nous avons fait les concessions devenues opportunes, que Nous avons eu soin toutefois de régler comme le voulait la prudence, afin que l'action des méchants ne vînt pas empoisonner et corrompre ce qui était octroyé par un sentiment d'affection. Mais qu'est-il arrivé? Une licence effrénée s'est emparée de nos dons; le seuil du palais où se rassemblaient les ministres et les députés de l'Etat a été ensanglanté, et des mains impies se sont tournées sacrilègement contre l'auteur du bienfait. Que s'il Nous a été, dans ces derniers temps, donné des conseils en ce qui est du gouvernement temporel, vous n'ignorez pas, Vénérables Frères, que Nous les avons accueillis, en exceptant toutefois et en rejetant ce qui ne concernait pas l'administration civile, mais qui tendait à Nous faire donner Notre consentement à la partie déjà accomplie de l'acte de spoliation. Mais Nous n'avons plus besoin de parler de conseils favorablement écoutés, ni des promesses d'exécution par Nous très-sincèrement faites, lorsque ceux qui règlent la marche des usurpations proclament à haute voix que ce qu'ils veulent, ce ne sont pas des réformes, mais une révolution complète et une séparation absolue du prince légitime. C'étaient bien eux qui étaient les auteurs et les avant-coureurs du criminel attentat, lorsqu'ils faisaient retentir le monde de leurs clameurs; et ce n'était point le peuple; en sorte que l'on peut dire d'eux ce que le Vénérable Bède dit des Pharisiens et des Scribes ennemis de Jésus-Christ : « Ce n'étaient pas quelques hommes de la foule, mais les Pharisiens et les « Scribes, qui répandaient ces calomnies, ainsi que l'attestent les Evan-« gélistes. »

La guerre faite au Pontificat romain n'a pas seulement pour but de dépouiller entièrement ce Saint-Siège et le Pontife romain de son principat

partem Pontificiæ Nostræ ditionis in civilem administrationem cooptavimus, et opportunas dedimus concessiones, propriis tamen prudentiæ modis ordinatas; ne munus paterno animo concessum per malorum hominum operam veneno inficeretur. At vero quid inde factum est? Effrena licentia innocua Nostra largitate potita est, et Aulæ, quo publici Ministri ac Deputati convenerant, limina sanguine respersa, et impia manus in eum sacrilege conversa qui beneficium concesserat. Quod si recentissimis hisce temporibus consilia circa civilem procurationem Nobis data fuerunt, haud ignoratis, Venerabiles Fratres, illa a Nobis admissa fuisse, eo tamen excepto ac rejecto, quod non ad civilem administrationem respiciebat, sed eo spectabat, ut spoliationis parti jam patratæ assentiremur. Nihil vero est cur de consiliis bene acceptis, deque Nostris sinceris ad illa exsequenda promissis loquamur, cum usurpationum moderatores alta voce profiterentur, se non quidem reformationes, sed absolutam rebellionem omnemque a legitimo Principe sejunctionem omnino velle. Atque ipsi erant gravissimi facinoris auctores et antesignani, qui suis clamoribus omnia replebant, non vero populus, ut de illis merito dici possit quod Venerabilis Beda de Pharisæis et Scribis Christi inimicis aiebat (1) . « *Non hæc aliqui de turba, sed Pharisai calumniabantur et Scribæ, sicut Evangelistæ testantur.* »

Sed Romani Pontificatus oppugnatio non solum eo spectat, ut hæc Sancta

____

(1) Lib. I. c. 48 in c. 11. Lucæ.

civil, elle tend encore à affaiblir, et, s'il était possible, à détruire complètement la vertu salutaire de la religion catholique. C'est pourquoi elle atta-
que l'œuvre de Dieu lui-même, le fruit de la rédemption, et cette foi très
sainte, qui est le plus précieux héritage arrivé jusqu'à nous par le moyen
de l'ineffable sacrifice consommé sur le Golgotha. Et il en est ainsi, comme
le démontrent surabondamment et les faits déjà rappelés, et ceux que
nous voyons arriver tous les jours. En effet, combien de diocèses en Italie
veufs de leurs Evêques, à cause des embarras qu'on leur suscite, aux ap-
plaudissements de ces patrons de la civilisation moderne, qui laissent
tant de populations chrétiennes sans pasteurs, et qui s'emparent de leurs
biens pour les employer parfois à de mauvais usages ! Combien d'Evêques
en exil ! Combien (et Nous le disons avec une amère douleur), combien
d'apostats qui, parlant, non au nom de Dieu, mais au nom de Satan, et se
confiant dans l'impunité qui leur est accordée par un funeste système de
gouvernement, troublent les consciences, poussent les faibles à prévari-
quer, confirment dans les plus honteuses doctrines ceux qui ont malheu-
reusement succombé, et s'efforcent de déchirer la robe du Christ, ne
craignant pas de proposer et de conseiller ce qu'ils appellent des Eglises
nationales et autres impiétés du même genre ! Or, après avoir ainsi insulté
la religion, qu'ils invitent hypocritement à se réconcilier avec la civilisation actuelle, ils n'hésitent pas à Nous exhorter aussi hypocritement à Nous
réconcilier avec l'Italie. C'est-à-dire que, au moment où dépouillé de pres-
que tout Notre principat civil, Nous supportons les lourdes charges du
Prince et du Pontife avec le secours des pieuses largesses des enfants de
l'Eglise catholique, qui Nous sont envoyées chaque jour avec la plus
grande affection, au moment où Nous sommes devenu sans motif un signe

Sedes et Romanus Pontifex legitimo suo civili principatu omnino privetur, sed
eo etiam téndit, ut infirmetur, et, si fieri unquam posset, plane tollatur salutaris
catholicæ religionis virtus ; ac propterea impetit Dei ipsius opus, redemptionis
fructum, et sanctissimam illam fidem, quæ pretiosissima est hæreditas in nos
derivata ex ineffabili sacrificio, quod in Golgotha consummatum est. Atque ita se
rem habere satis superque demonstrant tum commemorata jam facta, tum ea
quæ in dies evenire videmus. Quot enim in Italia Diœceses ob illata impedi-
menta suis Episcopis orbatæ, plaudentibus modernæ civilitatis patronis, qui tot
christianos populos sine pastoribus derelinquunt, et illorum bonis potiuntur, ut
ea in pravos etiam usus convertant ! Quot sacrorum Antistites in exilio versantur ! Quot (cum incredibili animi Nostri dolore dicimus) apostatæ, qui non
Dei sed Satanæ nomine loquentes, ac impunitate ipsis a fatali regiminis syste-
mate concessa fidentes, et conscientias exagitant, et infirmos ad prævaricandum
impellunt, et misere lapsos in turpissimis quibusque doctrinis obfirmant, et
Christi vestem lacerare contendunt, cum minime reformident Nationales, uti
dicunt, Ecclesias, aliasque id genus impietates proponere ac suadere ! Postquam
vero ita religioni insultaverint, quam per hypocrisim invitant ut cum hodierna
civilitate conveniat, non dubitant pari cum hypocrisi Nos excitare ut cum Italia
reconciliemur. Scilicet, cum omni fere civili Nostro principatu spoliati gravis-
sima Pontificis et Principis onera sustineamus piis Catholicæ Ecclesiæ filiorum
largitionibus quotidie amantissime ad Nos missis, cumque gratis invidiæ et odii
signum facti simus eorum ipsorum opera, qui conciliationem a Nobis postulant ;

d'envie et de haine, par l'œuvre de ceux-là mêmes qui Nous conseillent la conciliation ; ils voudraient en outre Nous voir déclarer publiquement que Nous cédons les provinces usurpées de Nos Etats pontificaux en pleine et libre propriété aux usurpateurs. Faire une proposition si audacieuse et inouïe jusqu'ici, c'est demander à ce Siège Apostolique, qui a toujours été et qui sera toujours le rempart de la vérité et de la justice, de sanctionner ce principe qu'une chose injustement et violemment enlevée peut être tranquillement possédée par un injuste agresseur ; c'est demander d'établir ainsi ce faux principe, qu'une injustice qui réussit n'enlève rien à la sainteté du droit. Mais cette proposition répugne aux paroles solennelles qui ont été prononcées dans ces derniers jours au sein d'un grand et illustre Sénat, savoir que *le Pontife romain est le représentant de la force morale dans la société humaine.* D'où il suit que ce Pontife ne peut en aucune manière consentir à une spoliation digne des Vandales, sans ébranler le fondement de cette discipline morale dont il est reconnu comme la forme première et l'image.

Quiconque, par erreur ou par crainte, songerait à donner des conseils conformes aux désirs injustes des perturbateurs de la société civile, doit bien se persuader, surtout dans ce temps, que rien ne pourra jamais contenter ces hommes, si ce n'est la destruction totale du principe d'autorité, de tout frein religieux et de toute règle de droit et de justice. Et, pour le malheur de la société civile, ces perturbateurs, par leurs paroles, par leurs écrits, sont venus à bout de pervertir les consciences humaines, d'affaiblir le sens moral et de diminuer l'horreur qu'inspire l'injustice ; ils font tous leurs efforts pour persuader au monde que le droit invoqué par toutes les nations où règne le sentiment de la justice, n'est autre chose qu'une injuste volonté dont on ne doit faire aucun cas. Hélas ! *la terre est*

id vellent præterea, ut palam declararemus, usurpatas Pontificiæ Nostræ ditionis Provincias in liberam usurpatorum proprietatem cedere. Qua sane audaci et hactenus inaudita postulatione quærerent, ut ab hac Apostolica Sede, quæ semper fuit et erit veritatis justitiæque propugnaculum, sanciretur, rem injuste violenterque direptam posse tranquille honesteque possideri ab iniquo aggressore ; utque ita falsum constitueretur principium, fortunatam nempe facti injustitiam nullum juris sanctitati detrimentum afferre. Quæ postulatio iis etiam repugnat solemnibus verbis, quibus in magno et illustri Senatu nuperrimis hisce diebus declaratum est, *Romanum Pontificem esse Repræsentatorem præcipuæ vis moralis in humana societate.* Ex quo illud consequitur, eum nullo modo posse vandalicæ spoliationi consentire, quin fundamentum violet illius moralis disciplinæ, cujus ipse veluti prima forma et imago dignoscitur.

Jam vero quicumque vel errore deceptus vel timore perculsus præbere velit consilia injustis perturbatorum civilis societatis votis consentanea, necesse est ut hisce potissimum temporibus sibi omnino persuadeat, illos nunquam contentos fore, nisi viderint omne auctoritatis principium, omne religionis frenum, omnemque juris justitiæque regulam de medio tolli. Atque hujusmodi subversores in civilis societatis calamitatem illud jam tum voce tum scriptis assequuti sunt, ut humanas mentes perverterint, moralem sensum debilitaverint, et injustitiæ horrorem eripuerint ; atque omnia conantur ut cunctis persuadeant, jus ab honestis gentibus invocatum nihil aliud esse, nisi injustam voluntatem quæ

dans le deuil, elle s'affaisse et tombe dans la défaillance, le monde périt,
tout ce qu'il y a de grand parmi les peuples est abaissé. Et la terre est
infectée par la corruption de ses habitants, parce qu'ils ont violé les lois,
changé le droit et rompu l'éternelle alliance.

Au sein de ces épaisses ténèbres dont Dieu, dans ses jugements impénétrables, permet que les nations soient enveloppées, Nous plaçons tout
Notre espoir et toute Notre confiance dans le Père très-clément des misé-
ricordes, dans le Dieu de toute consolation, qui Nous console au milieu de
toutes nos tribulations. C'est lui, en effet, qui vous inspire, Vénérables
Frères, l'esprit de concorde et d'unanimité, et qui vous l'inspirera de
plus en plus, afin qu'unis à Nous par les liens les plus étroits et par les
mêmes sentiments, vous soyez prêts à subir avec Nous le sort réservé à
chacun de Nous dans les secrets desseins de sa divine Providence. C'est
lui qui unit par les liens de la charité entre eux et avec ce centre de la
vérité et de l'unité catholique, les Evêques du monde chrétien, qui élèvent
dans la doctrine évangélique les fidèles confiés à leurs soins, et leur mon-
trent le chemin qu'ils peuvent sûrement suivre au milieu de ces ténèbres,
en annonçant aux peuples, avec la force que donne la prudence, les paroles
très-saintes. C'est lui qui répand sur toutes les nations catholiques un
esprit de prière, et qui inspire des sentiments d'équité aux non-catholi-
ques, afin qu'ils portent un jugement droit sur les évènements actuels.
Cette admirable union de prières dans tout l'univers catholique, ces mar-
ques si unanimes d'amour envers Nous, exprimées de tant de manières
différentes, et telles qu'ils ne serait pas facile d'en trouver de pareilles
dans les âges passés, tout cela montre avec le plus grand éclat combien
les hommes dont les intentions sont droites ont besoin de se tourner vers

debeat omnino contemni. Heu! vere *luxit et defluxit terra et infirmata est, deflu-*
xit orbis, infirmata est altitudo populi terræ. Et terra infecta est ab habitato-
ribus suis : quia transgressi sunt leges, mutaverunt jus, dissipaverunt fœdus
sempiternum (1).

Verum in tanta tenebrarum obscuritate, qua Deus inscrutabili suo judicio
gentes sinit offundi, Nos omnem Nostram spem fiduciamque plane collocamus
in ipso clementissimo misericordiarum Patre et Deo totius consolationis, qui
Nos consolatur in omni tribulatione Nostra. Ipse namque est, qui Vobis, Venerabiles Fratres, concordiæ et unanimitatis inter Vos spiritum ingerit, et quotidie
magis ingeret, ut Nobiscum arctissime æque ac concordissime conjuncti parati
sitis una Nobiscum sortem illam subire, quæ arcano divinæ suæ providentiæ
consilio cuique nostrum reservata sit. Ipse est, qui caritatis vinculo inter se, et
cum hoc catholicæ veritatis et unitatis centro conjungit sacrorum christiani
orbis Antistites, qui fideles sibi commissos evangelicæ veritatis doctrina insti-
tuunt eisque iter in tanta caligine tuto sequendum monstrant, nuntiantes virtute prudentiæ populis sanctissima verba. Ipse super omnes catholicas gentes
effundit spiritum precum, et acatholicis æquitatis sensum inspirat, ut rectum
de hodiernis eventibus ferant judicium. Hæc autem tam mira in universo catho-
lico orbe precum consensio, tamque unanimes erga Nos amoris significationes,
tot sane variisque modis expressæ (quod in anteactis ætatibus haud facile queat

(1) Is. cap. 24, v. 4, 5.

cette Chaire du bienheureux Prince des Apôtres, chaire qui a toujours enseigné la vérité et annoncé le salut, et qui ne cessera jamais, jusqu'à la consommation des siècles, d'enseigner les immuables lois de l'éternelle justice. Il s'en faut d'ailleurs de beaucoup que les peuples de l'Italie se soient abstenus de ces magnifiques témoignages d'amour et de respect à l'égard de ce Siége apostolique ; plusieurs centaines de mille Nous ont écrit les lettres les plus affectueuses, non point pour Nous exhorter à cette réconciliation demandée à grands cris par les habiles, mais pour compatir à Nos douleurs, à Nos peines, à Nos angoisses, pour Nous témoigner leur amour, et Nous déclarer combien ils détestent la spoliation inique et sacrilége du Principat civil de ce Saint-Siège.

Les choses en étant ainsi, avant de mettre fin à ce discours, Nous déclarons hautement et ouvertement, devant Dieu et devant les hommes, qu'il n'existe aucune raison pour Nous de Nous réconcilier avec qui que ce soit. Mais parce que, quoique indigne, Nous tenons sur cette terre la place de Celui qui a prié pour les transgresseurs de la loi et qui a demandé leur pardon, Nous sommes parfaitement disposé à pardonner à ceux qui Nous haïssent, à prier pour eux afin qu'ils reviennent à de meilleurs sentiments, avec la grâce de Dieu, et qu'ils méritent ainsi la bénédiction de Celui qui est sur cette terre le Vicaire de Jésus-Christ. C'est de tout Notre cœur que Nous prions pour eux et que Nous sommes disposé à leur pardonner et à les bénir aussitôt qu'ils se convertiront. Mais, en attendant, Nous ne pouvons rester inactif, comme si Nous ne prenions aucun souci des calamités humaines ; Nous ne pouvons pas n'être pas fortement ému et tourmenté, et ne pas considérer comme Nôtres les dommages et les

inveniri) manifestissime ostendunt, quemadmodum hominibus recte animatis opus omnino sit tendere ad hanc Beatissimi Principis Apostolorum Cathedram, lucem terrarum orbis, quæ magistra veritatis et nuntia salutis semper docuit, et usque ad consummationem sæculi immutabiles æternæ justitiæ leges docere nunquam desinet. Tantum vero abest, ut Italiæ populi ab hisce luculentissimis filialis erga Apostolicam hanc Sedem amoris et observantiæ testimoniis abstinuerint, ut imo quamplura centena ipsorum millia Nos amantissimis litteris adiverint, non eo quidem consilio ut conclamatam a veteratoribus reconciliationem peterent, sed ut Nostras molestias, pœnas, angores summopere dolerent, suumque erga Nos affectum omnimodo confirmarent, et nefariam sacrilegamque civilis Nostri ejusdemque Sedis principatus spoliationem etiam atque etiam detestarentur.

Cum porro ita se res habeant, antequam loquendi finem faciamus, coram Deo et hominibus clare aperteque declaramus, nullam prorsus adesse causam quare cum quopiam Nos reconciliari debeamus. Quoniam vero, licet immerentes, Illius hic in terris vices fungimur, qui pro transgressoribus rogavit veniamque petiit, probe sentimus a Nobis parcendum iis qui Nos oderunt, ac pro ipsis orandum ut divinæ gratiæ auxilio resipiscant, atque ita illius, qui Christi hic in terris vicariam gerit operam, benedictionem promereantur. Libenter utique pro illis oramus, iisque, statim ac resipuerint, ignoscere ac benedicere parati sumus. Interim tamen non possumus inertes hærere, veluti qui nullam de humanis calamitatibus curam capiunt; non possumus non vehementer commoveri et angi, ac uti Nostra non reputare maxima damna et mala iis nequiter illata qui perse-

maux faits injustement à ceux qui souffrent pour la justice. C'est pourquoi, pendant que la douleur accable Notre cœur et que Nous adressons à Dieu nos supplications, Nous remplissons la charge si grave de Notre suprême apostolat, de parler, d'enseigner et de condamner tout ce que Dieu et son Eglise enseignent et condamnent, afin que Nous achevions ainsi Notre course et que nous exercions jusqu'au bout le ministère de la parole que Nous avons reçu du Seigneur Jésus, pour rendre témoignage à l'Evangile de la grâce de Dieu.

Si donc on Nous demande des choses injustes, Nous ne pouvons les accorder ; si l'on demande Notre pardon, Nous l'accorderons bien volontiers, ainsi que Nous l'avons dernièrement déclaré. Mais, afin que Nous proférions cette parole de pardon d'une manière entièrement conforme à la sainteté de Notre dignité pontificale, Nous fléchissons les genoux devant Dieu, et, embrassant l'étendard triomphal de notre rédemption, Nous supplions très humblement le Christ Jésus de Nous remplir de sa charité, pour que Nous pardonnions de la même façon qu'il a pardonné à ses ennemis, avant de remettre son esprit très-saint entre les mains de son Père éternel. Nous lui demandons avec instance que, de même qu'après le pardon accordé par lui, au milieu des épaisses ténèbres dont la terre fut couverte, il illumina les esprits de ses ennemis qui, repentants de leur horrible crime, revenaient en se frappant la poitrine, de même au milieu des ténèbres de notre temps, il veuille bien tirer des trésors inépuisables de son infinie miséricorde les dons de sa grâce céleste et victorieuse, afin que tous ceux qui errent aujourd'hui reviennent dans son unique bercail. Quels que soient au reste les impénétrables conseils de sa divine Providence, Nous prions le Christ Jésus, au nom de son Eglise, de juger la cause de son Vicaire, qui est la cause de son Eglise ; de la défendre contre

cutionem patiuntur propter justitiam. Quo circa dum intimo mœrere conficimur, Deumque obsecramus, gravissimum supremi Nostri Apostolatus munus implemus loquendi, docendi et damnandi quæcumque Deus Ejusque Ecclesia docet et damnat, ut ita cursum Nostrum consummemus, et ministerium verbi, quod accepimus a Domino Jesu, testificari Evangelium gratiæ Dei.

Itaque si injusta a Nobis petantur, præstare non possumus : si vero postuletur venia, illam ultro libenterque, uti nuper declaravimus, impertiemur. Ut autem hujusce veniæ verbum eo proferamus modo, qui Pontificiæ Nostræ dignitatis sanctitatem omnino decet, flectimus ante Deum genua, et triumphale nostræ redemptionis amplectentes vexillum, Christum Jesum humillime deprecamur, ut Nos eadem sua repleat caritate, ut eo prorsus modo ignoscamus quo ipse suis pepercit inimicis, antequam sanctissimum suum spiritum in æterni Patris Sui traderet manus. Atque ab Ipso impensissime exposcimus, ut quemadmodum post veniam ab Eo tributam, inter densas tenebras, quibus universa terra fuit obducta, inimicorum suorum mentes illustravit, qui horrendi facinoris pænitentes revertebantur percutientes pectora sua, ita in hac tanta nostræ ætatis caligine velit ex inexhaustis infinitæ suæ misericordiæ thesauris cœlestis ac triumphatricis suæ gratiæ effundere dona, quibus omnes errantes ad unicum suum ovile redeant. Quæcumque autem futura sint investigabilia divinæ suæ providentiæ consilia, ipsum Christum Jesum Ecclesiæ suæ nomine rogamus, ut Vicarii sui causam, quæ Ecclesiæ suæ causa est, judicet, eamque contra hostium suorum

les efforts de ses ennemis ; de l'orner et de la fortifier par une glorieuse victoire. Nous le supplions aussi de rendre à la société troublée l'ordre et la tranquillité, et d'accorder cette paix si désirée pour le triomphe de la justice que Nous attendons uniquement de lui. En effet, au milieu de cet ébranlement de l'Europe et de tout l'univers, au milieu des agitations de ceux qui ont la redoutable mission de diriger les destinées des peuples, il n'y a que Dieu qui puisse combattre avec Nous et pour Nous. *O Dieu ! jugez-nous, et distinguez notre cause de celle de la nation qui n'est pas sainte ; Seigneur, donnez-nous la paix en ces jours, parce qu'il n'y en a pas d'autre qui combatte pour nous, que vous qui étes notre Dieu.*

conatus defendat, ac gloriosa victoria exornet et augeat. Ipsum item exoramus ut perturbatæ societatis ordinem tranquillitatemque restituat, et optatissimam pacem tribuat ad justitiæ triumphum, quem ab Eo unice expectamus. In tanta enim trepidatione Europæ totiusque terrarum orbis, et eorum, qui arduo funguntur munere moderandi populorum sortes, Deus unus est, qui Nobiscum et pro Nobis pugnare possit. *Judica nos Deus, et discerne causam nostram de gente non sancta : da pacem, Domine, in diebus nostris, quia non est alius qui pugnet pro nobis, nisi tu Deus noster.*

On nous demandera peut-être s'il était bien opportun de donner une nouvelle publicité aux actes pontificaux qui vont le plus directement contre les tendances de notre époque. Quand l'Esprit de sagesse et de vérité inspire aux Pontifes de parler, il est hors de doute qu'il y a opportunité à ce qu'ils fassent entendre leur parole, et par là même il est opportun que leur parole soit portée à tous les hommes de bonne volonté qui ne la connaissent pas ou qui paraissent l'avoir oubliée. Plus elle est méconnue ou contredite de bonne foi, plus il importe de la répéter et de la publier. En ce point nous ne sommes que trop justifiés dans la publication nouvelle que nous faisons.

Mais est-il à propos de donner lieu à nos ennemis de dire encore avec plus de fondement que jamais, que nous ne voulons de liberté que pour nous, que l'Eglise est essentiellement intolérante, qu'elle ne sait s'accommoder ni aux temps ni aux lieux, et que le retour de sa domination ne serait marqué que par les mesures de la compression la plus violente à l'égard de tout ce qui ne pense pas comme elle? Si nos ennemis sont de mauvaise foi, notre silence ne les empêchera pas de nous attaquer et de nous calomnier à tout propos, comme ils l'ont toujours fait, sans tenir aucun compte soit de nos protestations, soit des explications que nous avons données. Bien plus, ce silence de notre part pourrait à la fin être interprété comme un signe de lassitude et de découragement, comme l'aveu tacite d'une sorte d'impossibilité de répondre; enfin le mensonge répandu et répété sans contradiction incessante a toujours plus de chance de surprendre et d'entraîner les ignorants, les timides et les faibles. Si nos ennemis sont de bonne foi, et nous voulons admettre qu'il s'en trouve encore parmi eux, il est bon qu'ils sachent quelles conséquences nous tirons et ressortent logiquement des déclarations et décisions que nous venons de rapporter.

L'Eglise n'admet pas que ceux qui professent l'erreur en religion, et qui veulent l'enseigner par écrit ou de vive voix, aient *droit* à la protection du pouvoir comme ceux qui professent, pratiquent et enseignent la vérité ; elle n'admet pas que les premiers aient droit à la *liberté* comme les seconds, et que l'on puisse la réclamer pour eux d'une manière générale. Les pouvoirs sont institués *pour le bien;* et le premier bien de la société, c'est celui que le Sauveur est venu apporter au monde, la connaissance de la vérité, parce que la vérité connue et pratiquée conduit l'homme à la possession de sa fin suprême et procure à la société plus de conditions de paix, de prospérité, de liberté et de force que nul système d'erreur ne saurait lui en donner. Le but du pouvoir est donc de garantir autant que possible la possession tranquille et la libre pratique de la vérité une fois connue.

Mais l'Eglise ne dit pas qu'il ne faut ni laisser ni accorder aucune liberté à l'erreur pratiquée de bonne foi ; elle n'a jamais demandé que l'on sévisse contre ceux qui ne sont pas coupables, et son esprit de tolérance, fruit de sa charité et de sa douceur, ne lui permet de voir des coupables que lorsque la bonne foi ne peut plus être supposée. Tel est le sens dans lequel nous avons toujours compris et défendu les déclarations pontificales ; et nous devons ajouter que nous n'avons jamais rencontré de catholiques qui les comprissent autrement. Quand une autre interprétation nous en sera donnée par l'autorité compétente, dont nous entendons toujours réserver les droits, nous nous soumettrons d'une manière entière et absolue ; mais jusque-là nous rejetterons très-énergiquement l'interprétation que les libéraux de toute sorte voudraient y donner pour se dispenser de se soumettre et pour nous rendre odieux. Sans jamais admettre que l'erreur ait des *droits,* nous admettrons facilement qu'elle puisse avoir des *titres* plus ou moins durables, et nous croyons que l'on peut accorder à ces titres un bénéfice assez large à une époque où tant de plumes et tant de voix ont pris à tâche de jeter la confusion dans les esprits et de rendre la vérité méconnaissable. Il y a, en tout cas, une chose que nous pouvons affirmer comme parfaitement certaine : c'est que nous accorderions à nos ennemis plus de liberté qu'ils ne nous en accorderaient eux-mêmes, et malgré les principes dont ils se vantent, nous nous trouverions plus *libéraux* qu'eux dans le sens acceptable de ce mot. En tout temps la vérité s'est trouvée plus tolérante que l'erreur.

Il n'y a donc rien d'impossible, même aujourd'hui, dans l'application des principes proclamés par l'Encyclique de Grégoire XVI, et c'est grandement à tort que l'on se demande quand l'état de la société permettra qu'on les suive. Tant que l'on ne s'y rattachera pas, l'état de la société ne pourra qu'empirer et rendre le retour plus difficile. Après tout il s'agit simplement de ne point assimiler l'erreur à la vérité, le mal au bien, de ne pas admettre d'égalité de droits entre l'un et l'autre, mais d'accorder au bien toute la préférence, la protection et les encouragements que permettent la disposition des esprits, les nécessités de la prudence et l'intérêt du bien lui-même. Il s'agit de restreindre l'empire du mal et de l'erreur autant qu'il peut l'être, d'en arrêter les excès, de réprimer tout ce qui accuse la passion et la mauvaise foi, d'obliger les partisans de l'erreur à être du moins conséquents avec leurs principes avoués, qui ne leur permettent pas d'être offensifs et de nuire à la liberté des autres. Quant à la mesure de cette double action, elle est évidemment subordonnée aux temps et à bien des circonstances ; car s'il est des époques où la puissance des ténèbres s'étend sur la terre, où l'obscurité se fait dans les intelligences, il en est d'autres aussi où les esprits s'éclairent par les faits venant à l'appui des doctrines, où les volontés s'assouplissent et s'inclinent sous l'influence des événements. Nous ne voulons nous livrer ici à aucune appréciation de la situation où nous sommes, il faudrait pour cela entrer dans des développements qui ne sont pas de notre dessein ; nous n'avons aucune prévision à exprimer ; mais nous dirons seulement que si les scandales et les hérésies sont parfois nécessaires, c'est pour que la vérité, plus clairement exposée et mieux connue, conduise les hommes et les sociétés dans une voie nouvelle ou plutôt à un nouveau degré de perfection. Ce ne doit donc pas être en vain que la vérité aura été proclamée par Grégoire XVI, qu'elle aura été encore contestée et obscurcie par les uns, élucidée, justifiée et défendue par les autres ; ce n'est pas en vain que Pie IX aura détruit les derniers retranchements où l'on espérait s'enfermer pour échapper à l'application des principes réhabilités et proclamés en 1832 pour notre époque comme pour tous les temps. Ce n'est pas en vain non plus que l'Eglise prie journellement pour que Dieu lui donne et lui assure la possession de la liberté, en mettant fin à toutes les calamités et à toutes les erreurs (1), car elle ne demande pas ce qu'elle ne peut jamais obtenir ici bas au moins dans une certaine mesure. Il est donc permis d'espérer que la vérité, qui enfin se fait jour dans les esprits, triomphera bientôt dans l'ordre des faits, et que la liberté, tant de fois acclamée dans le *sens révolutionnaire*, sera enfin comprise et régnera dans le *sens catholique*.

L. RUPERT.

(1) ..... *Ut destructis adversitatibus et erroribus universis, Ecclesia tua secura tibi serviat libertate.*

TABLE

La Liberté moderne jugée par l'Eglise   5

Encyclique *Mirari vos* de Grégoire XVI contre l'AVENIR 11

Allocution *Jamdudum* de Pie IX contre le LIBÉRALISME 29

Conclusion 41

MOIS DE MARIE

L'Auréole de la Mère de Dieu, ou ses priviléges et ses vertus médités. Nouveau Mois de Marie, avec offices et prières, par M. l'abbé F. Lansac, directeur de l'école préparatoire des Carmes. 1 vol. in-18. 1 fr. 50

Bouquet de fleurs à Marie, pour le mois de mai, par M. l'abbé Maitrias, du clergé de Paris. 1 vol. grand in-32. 75 c.

Méditations pour le Mois de Marie, à l'usage des âmes intérieures, par M. V. D. 1 vol. in-12. 1 fr. 50

Mois de Marie, à l'usage des communautés religieuses, 1 vol. in-18. 2 fr.

Mois de Marie consolateur, ou le Trésor d'un enfant de Marie, par un religieux mariste. 1 vol. in-18. 1 fr. 50

Mois de Marie, d'après les méditations du P. Louis Dupont, par M. l'abbé Terrasson, du diocèse de Poitiers. 1 beau vol. in-32. 1 fr.
Ouvrage revêtu de l'approbation de Mgr l'évêque de Poitiers.

Mois (Le) de Marie de la jeune chrétienne, par l'abbé V. Dumax, sous-directeur de l'archiconfrérie de Notre-Dame-des-Victoires; un délicieux petit vol. in-48, encadré, bijou typographique. 1 fr. 25

Mois de Marie de la jeunesse chrétienne, par M. l'abbé Michaud. 1 vol. in-32, fig. 60 c.

Mois de Marie de l'enfance, in-48 cartonné. *Net.* 20 c.

Mois de Marie de la Vierge immaculée, par Mme ***, avec cette épigraphe : « De la Vierge mère retraçons ici tantôt les joies et les allégresses, tantôt les soupirs et les douleurs; méditons-les avec une tendre piété. » 1 vol. in-18. 60 c.

Mois de Marie de saint Alphonse de Liguori, ou Suites de lectures tirées des ouvrages de ce saint évêque, avec des exemples, des pratiques et des prières pour chaque jour du mois de mai, par un prêtre du diocèse de Besançon. 1 vol. in-18. Reliure commune, mais solide. 1 fr. 60

Mois de Marie, ou Méditations sur les vertus de la très-sainte Vierge et les mystères de sa vie, par M. l'abbé T. Roussel. Ouvrage revêtu de l'approbation de Mgr l'évêque de Châlons. 1 vol. in-18. 1 fr. 50

Mois de Marie, ou le Mois de mai consacré à la Mère de Dieu, par M. F. Lalomia, traduit de l'italien. 1 vol. in-32, reliure propre. 60 c.

Mois de Marie pour quatre années, par M. l'abbé Parel. 1 vol. in-8. 3 fr.

Nouveau Mois de Marie, exposant le véritable culte de la sainte Vierge, par M. l'abbé Bourgeois, avec approbation. 1 vol. in-18. 1 fr. 50

Nouveau Mois de Marie, ou Suites de lectures touchantes sur les mystères de la vie de la très-sainte Vierge et de méditations sur les principales vérités du Salut, pour chaque jour du mois de mai (ou de tout autre mois de l'année), par M. l'abbé Debussi, 20ᵉ édition, revue, corrigée et augmentée. 1 vol. in 18.

Nouveau Mois de Marie, par M. l'abbé Robert. 1 vol. gr. in-32. 60 c.
Envoi Franco contre *timbres-poste* ou mandat.

www.ingramcontent.com/pod-product-compliance
Lightning Source LLC
Chambersburg PA
CBHW061311050726
47594CB00004B/1665